9787570230716

新泽西夜鹰二手书店　　　　　FUXING 2013年10月11日

少年时的阅读情怀，
总是带着你难忘的心情和想象的，
它对你的影响是一生的。

镇纸与阳伞的有和无，女儿与母亲的在和不在，构成了小说的艺术空间和思想空间。（川端康成《五角银币》）

苇眉子，如同一枚灵巧的绣花针，
为我们绣出了一幅水乡温馨的画面。
（孙犁《荷花淀》）

武汉昙华林老街 FuXiNGr

一般而言，悬念在文章的开头就已经布置好，就像埋下了地雷，暗示我们在阅读的过程中，小心去看它会在何时何地引爆。

Crazy Saxophone   Fuxing 2021.9.1.

  文学作品好的结尾方法有很多，好的结尾，弥漫着无限可能的想象空间，像电影结束之前响起的音乐之声，如雾如烟，萦绕不已。

颐和园大戏楼 Fuxing 2022.8.30.

    老舍先生用祥子和车命运相连的故事，深刻而悲凉地揭示了旧社会里一个普通劳动者梦想破灭而堕落的悲催命运。（老舍《骆驼祥子》）

世上竟有如此诗的语言、童话的眼睛以及不泯的童心，还有如此以一生生命与情感的专注，来描写大地和大自然特别是森林的作家。（普列什文《林中水滴》）

潭柘寺转42 FuxiNG 2022.12.18.

  再没有一位作家赶得上他这样是在用感情、用心灵、用生命写作的了。（史铁生《我与地坛》）

阅读课

下

肖复兴 著

长江出版传媒　长江文艺出版社

写在前面

来具体说说我自己的阅读经历吧。

自打识字起,我看的第一本书,是上海出版的《小朋友》,是一种画报式的读本。识字多了,读《儿童时代》,是那种图文并茂的杂志。这都是父亲为我买的,每期都买,从不间断。

我自己买的第一本书,也是杂志,是上海出版的《少年文艺》,一角七分钱一本。那时,我上小学四年级。买到的那本《少年文艺》上,有美国作家马尔兹写的一篇小说,是《马戏团来到了镇上》,那篇小说令我印象深刻:小镇上第一次来了一个马戏团,两个来自农村的穷孩子从来没看过马戏,非常想看,却没有钱,他们赶到镇上,帮着马戏团搬运东西,才换来一张入场券。可晚上坐在看台上,当马戏演出的时候,他们却累得睡着了。

这是我读的第一篇外国小说，同在《少年文艺》上看到的中国小说似乎大有不同，它没写复杂的事情，而是集中在一件小事上：两个孩子渴望看马戏却最终没有看成。这样的结局，让我讶异，它在我心中引起了莫名的惆怅，那种夹杂在美好与痛楚之间的忧郁的感觉，随着两个和我差不多大的孩子的睡着而弥漫开来。马尔兹可以说是我文学入门的第一位老师。

从那时候开始，我迷上了《少年文艺》，以前没有买到的，我在西单旧书店买到了一部分，余下的，我特意到国子监的首都图书馆借到了一部分。无论刮风下雨，都准时到国子监的图书馆借阅《少年文艺》的情景，我至今记忆犹新。春天，国子监里杨柳依依，在春雨中拂动着鹅黄色枝条的样子，仿佛就在眼前。

少年时的阅读情怀，总是带着你难忘的心情和想象的，它对你的影响是一生的。

就是在《少年文艺》的紧密阅读中，我认识了另一位作家——中国的儿童文学作家任大霖。他写的《渡口》《打赌》，让我至今难以忘怀。现在想想，《渡口》《打赌》同《马戏团来到镇上》一样，弥漫着的都是那样一丝淡淡的忧郁。我到现在还能记住当年读完《渡口》《打赌》时的情景：落日的黄昏，寂寥的大院，一丝带有惆怅的心绪，随晚雾与丁香轻轻飘散。我曾经将这两篇文章全文抄录在我的笔记本上，并推荐给我的好多同学看。时间过去了这么久，我依然可以完整地讲述这两个故事。

《渡口》中，小哥俩吵架，哥哥一气之下离家出走，弟弟一直在渡口等哥哥回家，为看得远些，弟弟爬到了一棵榆树上。傍晚的渡口寂静无声，半夜，弟弟睡着了，哥哥回来了，到处找弟弟。听见哥哥叫自己，弟弟一下子从一人多高的榆树上跳下来。吵架后的重逢真是悲喜交加，兄弟亲情分外浓郁。任大霖说："渡口有些悲怆。"这是只有亲身经历亲情碰撞的人，才会感到的悲怆。

《打赌》中，为和伙伴打赌：敢不敢到乱坟岗子摘一朵龙爪花？"我"去了，半路上怕了，从夜娇娇花丛中钻出一个小姑娘杏枝，手里拿着装有半瓶萤火虫的玻璃瓶，陪"我"夜闯乱坟岗子。打赌胜利了，伙伴讽刺"我"有人陪，不算本事，并唱起"夫妻两家头，吃颗蚕豆头，碰碰额角头"，嘲笑"我"。于是，又打了一次赌：敢不敢打杏枝？为证明自己不是和杏枝好，"我"竟然打了杏枝。这件在孩提时代容易发生的事，被写得那样委婉有致，美和美被破坏后的怅然若失，让我和小说里的"我"一起，总会想起杏枝委屈的哭声。

进入中学,我读的第一本书是《千家诗》。那是同学借给我的一本清末民初的线装书,每页有一幅木版插图,和那些所选的绝句相得益彰。第一首是那首有名的宋代绝句:"古木阴中系短篷,杖藜扶我过桥东。沾衣欲湿杏花雨,吹面不寒杨柳风。"我将一本书从头到尾都抄了下来。记得很清楚,我是抄在了田字格作业本上,那是我古典文学的启蒙。那一年,我读初一。我每天抄一首诗,揣在衣兜里,在上学的路上反复背诵,大街上车水马龙的喧嚣全都听不见了,只有这些古诗的音律,在我的心里回荡。

初二,偶然间,我在新华书店里买到署名李冠军的一本散文集《迟归》。集子中的散文全部写的都是校园生活,里面所写的学生和我年龄差不多大,老师和我熟悉的人影叠印重合。书中第一篇文章《迟归》的开头:"夜,林荫路睡了。"意境很美,格外迷人。一句普通的拟人句,令一个孩子的心里充满纯真的想象。

文章写一群下乡劳动的女学生回校已经是半夜时分,担心校门关上,无法进去回宿舍睡觉了。谁想到校门开了,传达室的老大爷特意在等候她们呢,出门迎接她们时却说:"睡不着,出来看看月亮!"女孩子们谢过他后跑进校园,老大爷还站在那里，望着五月的夜空。文章最后一句写道："这老人的心，当真喜欢这奶黄色的月亮？"

一晃五十多年过去了，一切恍如昨。那个五月的夜晚，那个奶黄色的月亮，那个传达室的老大爷，总会在我心中浮现？读完这本书，我抄录了包括《迟归》在内的很多篇散文。那些抄录的文章，尽管上面纯蓝色的钢笔墨水痕迹已经变淡，却和记忆一起保存至今。

初三，我参加北京市少年作文比赛，写的一篇作文《一幅画像》获奖，并被翻译成英文出版。大概出于这样的原因，我们学校图书馆的高挥老师，破例允许我进入图书馆自己挑书去读。

在书架"顶天立地"的图书馆里，我发现一间神秘的储藏室，被一把大锁紧紧地锁着。我的中学是北京有名的汇文中学，有着一百来年的历史，图书馆里的藏书很多，我猜想这间神秘的储藏室里应该藏着许多古旧的图书。每次进图书馆挑书的时候，我的眼睛总禁不住盯着储藏室大门的那把大锁看，想象着里面的样子。高老师看出了我的心思，她破例打开了那把大锁，让我进去随便挑书。我到现在仍然清晰地记得第一次走进那间光线幽暗的屋子里的情景，小山一样的书，杂乱无章地堆放在书架上和地上，那么多，我被深深地震撼了。

那一年，我刚刚升入高一。

从尘埋网封中翻书，是那一段时期最快乐的事情。我像是跑进深山探宝的贪心的孩子一样，恨不得把所有的书都揽在怀中。我沉浸在那间潮湿灰暗的屋子里，常常忘记了时间。书页散发的霉味，也闻不到了。常常是，天已经暗了下来，图书馆要关门了，高老师在我身后，打开了电灯，微笑着望着我。

在那里，我读了冰心出版的所有的文集，当然包括《繁星》和《春水》。我甚至抄下了冰心的整本《往事》，还曾天真却又那样认真地写下了一篇长长的文章《论冰心的文学创作》，虽然一直悄悄地藏在笔记本中，到高中毕业，也没给一个人看，却是我整个中学时代最认真的读书笔记和美好的珍藏了。

其实，有些书，我并没看懂，只是有一些朦胧的印象和感动，但是让我对未来充满想象，总觉得有什么事情会发生，一切都将是美好的，又有着镜中花水中月那样的惆怅。

我就是这样读着书长大了。我想，我自己的读书经历与经验，也许并未过时。这本小书，就是在这样的心理驱使下，在这样的现实背景里，写作而成的。我很希望和孩子们一起分享。

目 录

第一课 读书重在读什么

003 \ 读细节
　　——由"小"见大的秘密

010 \ 读情境
　　——读出文章的味道

017 \ 读悬念
　　——文章结构设置的多种方式

024 \ 读结尾
　　——好文章必须要有余味

032 \ 读主题
　　——寻找文章的路标

041 \ 读整本书
　　——以《骆驼祥子》为例

CONTENTS

053 \ 读古诗
——古诗要从少年读

第二课　我的读书笔记

073 \ 醋栗的幸福
——契诃夫《醋栗》读后

078 \ 大地上的日历
——读普列什文《林中水滴》

082 \ 于·列那尔和他的《胡萝卜须》

086 \ 走近乔伊斯
——读《都柏林人》

089 \ 重读田涛《在外祖父家里》

098 \ 重读史铁生

104 \ 忽于水底见青天
——读韩羽有感

112 \ 读叶圣陶先生《写作常谈》

第一课

读书重在读什么

读细节

——由"小"见大的秘密

川端康成是日本一位重要的作家，曾经获得过诺贝尔文学奖。如今，他的小说翻译到中国的有很多。《五角银币》，只是他的一篇很短的小说，却是他的重要作品。

小说写于第二次世界大战后的1946年。第二次世界大战，无论对中国还是日本普通民众的伤害都是巨大的。小说写了战争的残酷与沉重，却没有正面写战争的炮火硝烟，而是将战争融入世事沧桑与人生悲凉之中，写出了战火硝烟散去之后的余味，令人感慨。在我们阅读的过程中，常常会说这篇文章有味道，那篇文章没有味道。这味道，就是韵味。川端康成的这篇小说《五角银币》，可以作为韵味最好的注释。

小说写了一对日本普通母女战前战后的经历，对于这对母女而言，最残酷的事实是，母亲死于战争的大火之中。但是，小说却没有详写那场战火，没有以不尽的笔墨设置情节，来渲染母女在这场战争中的生离死别。当然，这也可以是小说的一种写法，川端康成却避免了这样极其容易"撞车"的写法。在这篇小说中，他只是说了一句："母亲早已在神田被烧死了。"如此重要的情节，被他一笔轻描淡写而过。那么，他靠的是什么，让小说不仅得以完成，而且可以写得充满韵味呢？

小说只有三小段，第一段，写十七岁的女儿，得到妈妈给她的五角银币后，到三越百货公司看到一个六角形的镇纸，上面雕刻着一条可爱的小狗。她非常想买，却又犹豫了很久，因为这镇纸标价四角钱，太贵了。她一连看了十天，最后才下决心买下。当别人看着镇纸大笑女儿时，母亲总说："我觉得她真是可爱呢！"

第二段，写女儿陪母亲逛三越百货公司，母亲在特价部看到一把阳伞，非常喜欢，又很便宜，只要九角五分。女儿劝母亲买下，并帮助母亲挑伞。但是，母亲犹豫再三，还是没有买，只是把手搭在女儿的肩上。女儿"抓起母亲放在自己肩上的手，紧紧握住绕了一大圈，然后跟母亲肩并肩贴得紧紧的"离开了三越百货公司。

第三段，战后，母亲不在了，女儿买的镇纸幸存了下来。

本来是一段生离死别的战争故事，让川端康成处理得这样的云淡风轻，几乎看不到一点对战争的愤怒或反思的情感，甚至没有一点生离死别的儿女情长。但是，读完之后，我们的心情是沉甸甸的。战火被隐在小说的背后，呈现在前面的只是一对母女买镇纸和阳伞这样再平常不过的琐事。虽是琐事，却构成了小说坚实的骨架和小说流淌的血脉。如果没有买镇纸和阳伞这样的琐事，只是写战争的大场面和大场面中的生离死别，就不足以有这样微妙动人。这些琐事让我们感慨战争和战争中人的命运的残酷与无奈，尤其是亲情之间的幽婉哀伤。无论是文学与艺术，还是人生和亲情，能够打动人心的，往往不是那些大的场面，而是那些直抵人心最细微幽深的地方。小说做大，是一种本事，如托尔斯泰的《战争与和平》，如雨果的《九三年》。小说做小，更是一种本事，如川端康成的这篇《五角银币》。

小说的前两段，不过说女儿和母亲分别买东西，彼此之间似乎没有什么联系。读完这两段，你几乎不知道小说到底要说什么。读到第三段的时候，我们才恍然大悟，原来前两段起到了那么大的作用。如果没有女儿买镇纸，没有母亲买阳伞，第三段根本无法存在，小说也无法收尾。现在，在前两段的铺垫和映衬下，第三段才显现出了它的作用，如同一条小船，在前两个码头运载了不同的东西，到了目的地，正是这样两样东西，成为守候在目的地的人最需要的东西,甚至是救命之物。

战后的女儿,"住在用战火烧过的马口铁临时搭的小房子里",简单的一笔,却干净利落地带过了动荡时代的变迁。女儿想起了战争中死去的母亲。如果没有前面母亲买阳伞的情节,这时候,女儿想母亲,想什么呢?所有的想便都是空洞无物的。有了前面母亲买阳伞的情节,让女儿此刻想起母亲,从不及物到及物,女儿的眼前有了具体的画面,而且是那么的自然。女儿继续想,如果当初买了那把阳伞,那阳伞也早已和母亲一起被战火烧掉了。在这里,我们才发现,母亲买阳伞的情节,是多么重要。它让女儿对母亲的想念一下子变得具象、可感,也让我们对这一对母女有了一种此情可待成追忆的怅然和同情。那把没有买成的阳伞,那把即使买成也要被战火烧掉的阳伞,所带给女儿的悲伤与凄凉,比住在战火烧过的马口铁搭建的破房子里的日子,还要悲惨。

紧接着,下面出现的"那个玻璃镇纸幸存了下来",水到渠成,过渡自然。前面两段出现的镇纸和阳伞,一下子如水一样漫延到第三段。镇纸和阳伞,是川端康成特意而精心的设置,它们在前两段的出现,不显山,不露水,就是为了在这里显山露水,在这里做出醒目的对比。女儿的镇纸,母亲的阳伞,一买,一未买;一如果买了,也会被战火烧掉,一真的买了,却幸存了下来。

一如母亲不在了,而女儿还健在一样,战争让人生充满那样多的不测,阴差阳错中的命运,在战争的拨弄和影响下,让幸存的女儿面对幸存的镇纸,回忆起母亲没有舍得花钱买下的那把阳伞,情何以堪!

这时候,再来看看前两段里写到的母亲对于女儿的感情。第一段,女儿买镇纸遭到人们嘲笑,唯有母亲说她可爱,母亲对女儿的怜爱溢于言表;第二段,母亲决定不买伞,母亲把手搭在女儿肩上,女儿抓起母亲的手,肩并肩紧紧贴在一起,两人特别亲密。看,这些描写铺排得多么细密,正是在这样从过去到现在的感情流动中,第三段出现的女儿对母亲的思念变得那么哀婉感人。

镇纸与阳伞的有和无,女儿与母亲的在和不在,构成了小说的艺术空间和思想空间。母女之间的亲情浓缩在镇纸和阳伞这样最小的点上,战争的大场面被推向背后。作者没有刻意渲染这样客观而艺术化的存在,却给读者留下了格外多的想象空间。这便是小说的韵味。

小说结尾,写到镇纸上雕刻的那条可爱的小狗,女儿这时候想到:"这时候她才注意到在城镇周围的废墟上,连一只狗也没有了。她不禁感到毛骨悚然。"尾收得真好,不说战后的凋败和荒芜,只说连一条狗也没有了。如果没有前面镇纸上雕刻的那条可爱的狗，这样的结尾，不会让我们有什么惊奇和感动，因为很多文章都会这样写到荒凉的狗或猫。可小说行文缜密，早已铺设好了结尾：镇纸雕刻的不是他物，而偏偏是一条可爱的狗。镇纸上的狗的在，和现实生活中的狗的不在，同前面所写到的镇纸阳伞的在与不在、女儿和母亲的在与不在，浑然一体，加强了艺术的感染力，小说的韵味，也随之弥漫。

读到这里，我们恍然大悟，小说所有的琐碎之处，细微之处，都是有用的，是前后贯穿的，是如绣花针一样密密缝制成的一天云锦。我们看不到任何的接缝，是因为作家用细微的情感将其弥合了。小说打动人的正是这些细微之处。

小说家毕飞宇曾说，"如何读小说，我们要解决两个问题：一个是关于'大'的问题，一个是关于'小'的问题，也就是我们如何能看到小说内部的大，同时能读到小说内部的小。只盯着大处，你将失去生动，失去深入，失去最能体现小说魅力的那些部分；只盯着小，我们又会失去小说的涵盖，小说的格局，小说的辐射，最主要的是，小说的功能。好的读者一定会有两只眼睛，一只眼看大局，一只眼盯局部。"(《我们一起读——读〈促织〉》毕飞宇在南京大学的小说课）他说得没错。在读小说的时候，我们要用两只眼睛，读出小和大之间的关系，从而把握小说的整体。

既然小说叫小说，而不叫大说，那么小说的"小"肯定不简单,所有小说中的大,即毕飞宇所说的小说的涵盖和辐射,都应该从小中得来。小中看大是小说的基本功能;而大中看小,则一般不属于小说的艺术范畴。比如,小说的结局,也是从小得来的。川端康成的《五角银币》的结局,就是以狗这样的小处收的尾。所以说,小说中的"小",是小说最生动、深入,最能体现魅力的部分。失去了小,小说就无从写起,小说也就不叫小说。在我们的阅读中,要注意这些小的部分,尤其是常常容易被作家一笔带过、被我们忽略的小的部分。它们有可能是小说最富有韵味的地方。

> **▶ 推 荐 阅 读**
>
> ☆【日】川端康成《五角银币》

读情境

——读出文章的味道

《荷花淀》是孙犁先生的名篇。孙犁先生以此为代表,抒发了战争文学中鲜有的阴柔之美。《荷花淀》中那位没有名字只被称作水生嫂的女人,不是以往赵一曼或刘胡兰式的英雄,却一样的让我们感动而难忘。她在残酷的战争压力之下所体现出来的坚韧、勇敢与温柔的形象,长久地走进我们的心里,走进文学史的长廊之中。

每次读《荷花淀》,我都有不一样的收获。以往,我更多的是从水生嫂的性格、形象,和水生参军时她与姐妹们寻找各自的丈夫时的言行,以及与之相连的白洋淀的环境等方面来分析这篇小说。这一次重读,燃起我新的兴趣,令我有所触动的,则是小说中出现的苇眉子、菱角这样微不足道的景物。这些东西,都和荷花淀的生活乃至生存密切相关，是那里最为司空见惯的事物。它们既是小说书写的细节，也是小说构成的情境；既是人物的性情所至，也是小说氛围的弥漫。孙犁先生在写作中擅长寄情于景，我们在阅读的过程中，则要善于从这些景物所营造出的具体情境中，体悟到人物的思想感情。

小说一开始就让苇眉子先于人物出场：

> 月亮升起来，院子里凉爽得很，干净得很，白天破好的苇眉子潮润润的，正好编席。

苇眉子潮润润的，是因为在水乡的缘故，也是由于心情不错的缘故。尽管人物还没有出场，但是，人物的心情先在苇眉子上闪现，就像戏台上人物还没有出场，锣鼓音先响了起来一样。心情不错，才让这个晚上有明亮的月亮，还凉爽得很，干净得很。

接着，孙犁先生还是写苇眉子：

> 女人坐在小院当中，手指上缠绞着柔滑修长的苇眉子。苇眉子又薄又细，在她怀里跳跃着。

还是在以苇眉子来书写心情。心情确实不错，否则，苇眉子怎么会"柔滑修长""又薄又细"?而且,活了一样,在她的怀里跳跃?

试想一下,如果苇眉子不是在怀里跳跃,而是在手上,或在膝上跳跃,还有这样的韵味和意境吗?必须是在怀里跳跃,苇眉子和水生嫂才有了这样的亲密样子,这既是心情的表现,也是形象的勾勒,是人物与乡土之间关系的密切而天然的流露。同时,小说中对待侵犯自己家乡的敌人的仇恨和抗争,才有了坚实的依托。只是,这一切,孙犁先生写得含而不露。

对苇眉子的书写,并没有到这里为止。孙犁先生进一步书写苇眉子,充分运用苇眉子,让苇眉子作为下面女人等待丈夫的出场前的音乐背景。这既是女人的心情展示,也是丈夫回家时带来要参军的消息的铺垫。他让苇眉子作为心情不错意境美好的代言者,有意和丈夫参军打仗的消息,做一个对比。这是以弱对强,以美好对残酷,甚至蕴含着生离对死别,孙犁先生写得含而不露。

看孙犁先生是这样写的:

这女人编着席。不久在她身子下面,就编成了一大片。她像坐在一片洁白的雪地上,也像坐在一片洁白的云彩上。她有时望望淀里,淀里也是一片银白世界。水面笼起一层薄薄透明的雾,风吹过来,带着新鲜的荷叶荷花香。

这时，苇眉子已经变成了编好的席，而且，是一大片的席，她像坐在洁白的雪地和云彩上。这是小院里的一幅画。另一幅画，则由苇眉子扩展到了白洋淀上，不仅是雪地和云彩，而是一片更为宽阔的银白世界。在这里，还捎带写出了荷叶和荷花悄悄在远处隐现。苇眉子，便如同一个特写镜头，然后拉出一个长镜头，将我们从小院带到白洋淀。这时候，水生出场了。这是一个多么恰当的出场背景呀。苇眉子，如同一枚灵巧的绣花针，为我们绣出了一幅水乡温馨的画面。这样的画面，是为水生出场做铺垫，也是为了和后面在荷花淀里与敌人残酷而血腥的战争，做出的场景的对比和情绪的烘托。

丈夫突然要去参军打仗，毕竟是残酷的战争，面临的是生离死别，丈夫托付给女人的是一家老小，甚至还有面临被敌人活捉时的同归于尽的可能性。做妻子的再坚强，也难免会心里震动一下。但是，孙犁先生没有写女人心里的震动，他只是让她的手指震动了一下，依然运用的是苇眉子这个在前面已经出现的几乎是形影不离的道具：

女人的手指震动了一下，想是叫苇眉子划破了手，她把一个手指放在嘴里吮了一下。

多么巧妙，又那么恰如其分，苇眉子，已经和女人融为一体。孙犁先生从来都不愿意直接书写人物的心情，他总能随手在身边，或在小说的行进中，找到书写心情的替代物，看似信手拈来，却是像女人编席一样细致而缜密。他将看不见的心情写得清晰可见，并能够触摸到一个即将和丈夫分别且是战争中生死未卜的分别时的细微感情，让我们读时心怦然一动。

小说的后半部分，写水生嫂和几个姐妹到白洋淀找自己的丈夫，即那句有名的过渡句："女人们到底有些藕断丝连。"藕，自然也是白洋淀的特产，便也成了心情自然而然的借喻。在这一部分，孙犁先生写到了荷叶和荷花，不像写苇眉子一样是为了人物的心情和小说的氛围，而是有自己明确的指向：

> 那一望无际的密密层层的大荷叶，迎着阳光舒展开，就像铜墙铁壁一样。粉色荷花箭高高地挺出来，是监视白洋淀的哨兵吧！

或许，说荷花箭是哨兵，这样明确的象征，是可以料想得到的，并不多么新鲜。但是，在这段叙事中，有这样一小节对菱角的书写，可能会被我们忽略，却也可能会让我们读出别一番滋味。

女人划着小船在白洋淀寻找各自的丈夫却没有找到的时候，孙犁先生横插一笔写道：

> 她们轻轻划着船，船两边的水哗，哗，哗。顺手从水里捞上一棵菱角来，菱角还很嫩很小，乳白色。顺手又丢到水里去。那棵菱角就又安安稳稳浮在水面生长去了。

两次"顺手"，看似信手拈来的闲笔，却又手到擒来，菱角同苇眉子一样，都是水乡常见之物，一样为人物的心情描写服务，拿是拿得起，放又放不下；才下眉头，又上心头。将几个没能找到各自丈夫的女人落寞的心情，从捞上来又丢下去的菱角中委婉而别致地道出，在菱角被捞出又丢下的起落之间，为我们划出一道漂亮而动人的心理弧线。

孙犁先生善于在小东西上做文章，使小说达到曲径通幽的境界。荷花淀里最为常见的苇眉子和菱角，方被孙犁先生点石成金，写成了活物。在小说的结尾，孙犁先生写了这样一笔：

> 敌人围剿那百顷大苇塘的时候，她们配合子弟兵作战，出入在那芦苇似的海里。

小说又回到了起始点，又回到了苇眉子。只是，在这时候，"柔滑修长""又薄又细"的苇眉子，已经变成了一片芦苇的海。小说至此气韵相通，浑然一体。

我们可以看到，孙犁先生把苇眉子、菱角，一直到最后扩展成一片芦苇的海，所营造的都是属于白洋淀，也是属于孙犁先生独有的艺术情境，或者叫作艺术氛围。可以试想一下，如果没有了这样的艺术情境或艺术氛围，这篇《白洋淀》还会让我们这样爱读吗？还能够从我读中学的时候，到今天的孩子们读中学的时候，都会被选入语文课本里，让几代人阅读吗？

> ▶ **推荐阅读**
>
> ☆ 孙犁《荷花淀》

读悬念

——文章结构设置的多种方式

文学作品中，特别是叙事文体如小说，常常可以发现情节的发展过程中，有一个甚至多个悬念在等着我们。悬念，让小说好读，让读者有了想破解这个悬念的冲动，产生阅读的快感。悬念，像是小时候玩的捉迷藏游戏，好奇心让我们竭力想去找到藏在大树或山石后面的人或东西。这是我们在阅读中常常会出现的情景。

一般而言，悬念在文章的开头就已经布置好，就像埋下了地雷，暗示我们在阅读的过程中，小心去看它会在何时何地引爆。但是，有的文章也不尽相同，不见得非要像契诃夫说的那样，第一幕时挂起一杆猎枪，最后一幕这杆枪肯定会打响。有些悬念，文章一开始并不预示，只是在最后悄然出现。第一幕没挂枪，但是，最后一幕枪突然响了。

沈从文先生的小说《生》，就是这样的一篇短篇小说。

小说讲述了夏天的什刹海，一位六十多岁的老艺人，摆地摊表演绑在身上的一对大木偶。老人以自己和两个大木偶对话来取悦人，吸引人。他把白脸木偶叫王九，把黑脸木偶叫赵四。只是，他总把亲热的话说给王九听，表演摔跤的时候，总是先让赵四占上风，最后的胜利却属于王九。没有锣鼓，都是靠老人和木偶对话招引看客。没有人来时，老人对白脸木偶说："王九，不要着急，慢慢的会有人来的。"那股热乎劲，亲如父子。第一个人来了，是个大学生，看着他的表演，听着他的说话，"忧郁地笑了"。来的人渐渐多了起来，麻脸的巡警也来了，来收地摊捐。巡警走后，老人对王九说："四个大子不多，王九你说是不是？你不热，不出汗！巡警各处跑，汗流得多啦！"柳树荫下有人被晒得晕倒，很多人跑去那里看热闹，这里人越来越少。最后只剩下一个矮个子巡警，老人将地摊捐条给他看，他只是看着老人腰边的两只假腿痴笑，摇摇头走了。没有了一个人，"他于是同傀儡一个样子坐在地下，计数身边的铜子，一面向白脸傀儡王九笑着……"

一直写到这里，小说马上就要结束了，写的都只是在表演过程中琐琐碎碎的事情，走马灯一样的人来人往，好像作者就是要写老艺人表演木偶的辛酸苦辣的谋生过程。

最后两个自然段中,悬念出现了:

> 他不让人知道他死去的儿子就是王九。儿子的死,乃由于和赵四相拼,也不说明。他决不提这些事。他只让人眼见傀儡王九与傀儡赵四相殴相扑时,虽场面上王九常常不大顺手,上风皆由赵四占去,但每次最后的胜利,总仍然归那王九。
>
> 王九已经死了十年。老头子在北京城圈子里外表演王九打倒赵四也有了十年。那个真的赵四,则五年前在保定府早就害黄疸病死掉了。

这个悬念,在最后爆发的同时得到了解决,包含这样几方面的内容:一、白脸王九原来是老艺人的儿子,而黑脸赵四是打死自己儿子的仇人;二、赵四已经害病死掉了五年;三、儿子死了几年,老艺人就在北京城表演了这个节目几年。

这三方面的内容所含有的信息量很大。但是,沈从文先生并没有如一般小说设置悬念那样将悬念在小说一开头就抛出,而是沉住气,到小说结束前的一刹那方才让其亮相,而且,一亮相,就将悬念的谜底旋即解开。枪一亮出来,就打响了。我们会发现,哦,原来悬念的设置还可以有这样的方法。

小说如此，散文也可以这样写。无独有偶，叶圣陶老先生的《春联儿》，就是这样的散文。

《春联儿》是一篇"小说化"的散文，讲述了拉鸡公车的老俞的故事。抗日战争期间，在四川，叶老先生常常坐老俞的鸡公车。老俞爱一边拉车一边讲话，于是，通过对话，叶老先生知道了老俞有两个儿子，大儿子在前线打日寇，小儿子在家读书。谁想，好几天没见到老俞，再见到他，他的眼睛红红的，只顾拉车，不再开口讲话。一问，才知道小儿子害病死了，为给孩子治病，买棺材下葬，老俞卖掉家里仅有的两头猪，对未来不再抱任何的希望。唯一能安慰老俞的是大儿子从前线的来信，老俞会琐琐碎碎讲大儿子写在信上的话，叶圣陶老先生这样写的：

……我猜他把那封信总该看了几十遍，每个字都让他嚼得稀烂，消化了。他似乎暂时忘了他的小儿子。

和沈从文先生的小说《生》一模一样，《春联儿》也是到了文章就要结束了，没有悬念的一点儿动静。看到这里，似乎《春联儿》就是要写鸡公车夫老俞的小儿子病死了、大儿子在前线，这是当时那个年代很普遍的穷苦人家的故事。

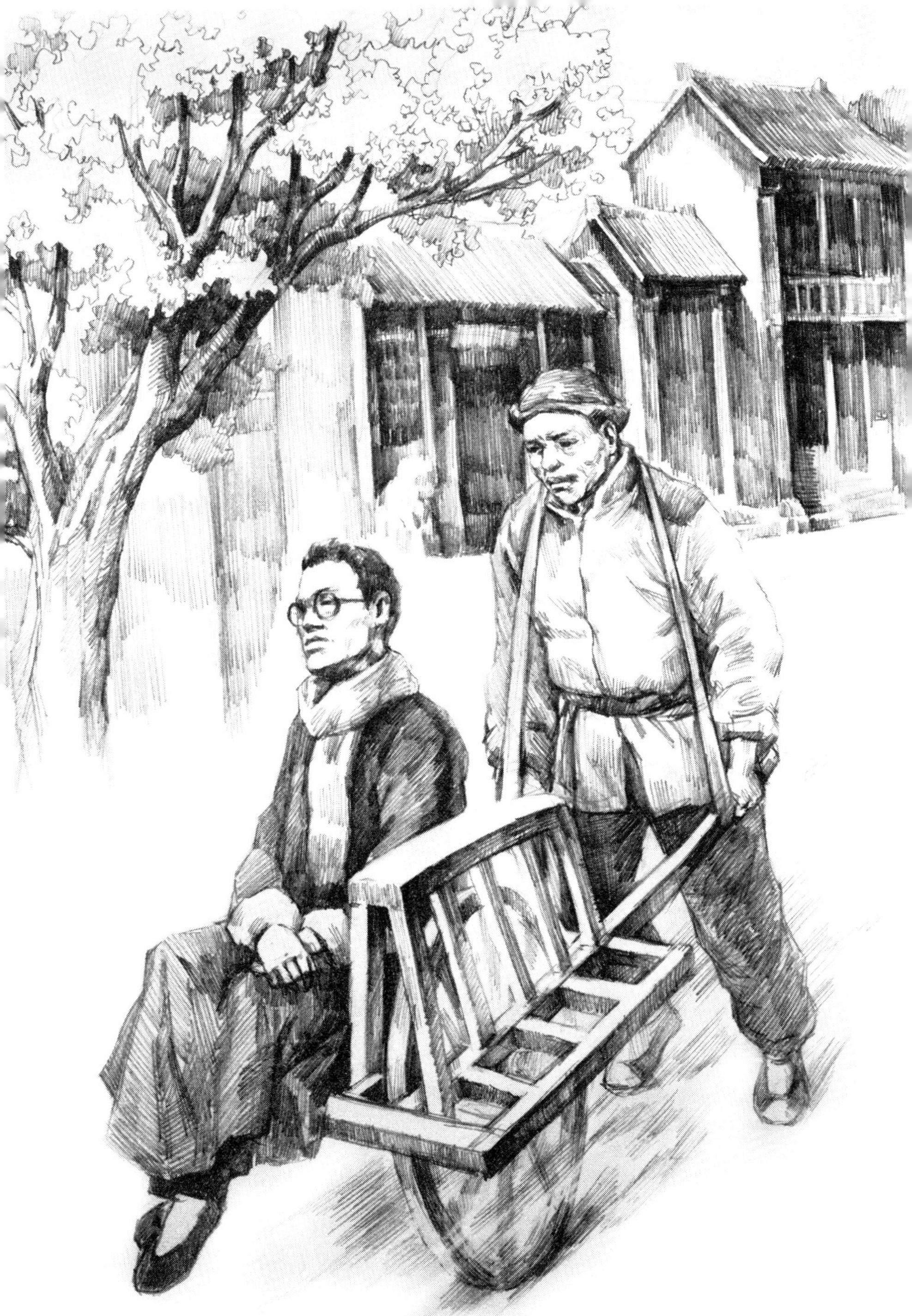

但是，如果我们细心的话，会在最开始读文章时，注意到文章的题目叫"春联儿"。文章都写到这里了，春联儿在哪儿呢？

就在这时候，"新年将近，老俞要我替他拟一副春联儿"。——春联儿出场了。老俞要"我"来写这副春联儿，贴在门上。"他说好几年没贴春联儿了，这会子非要贴一副，洗刷洗刷晦气。"写春联儿的时间和动因都明确了，此时春联儿的亮相，是那样的自然而然。悬念，并非是刻意而为，也并非要多么惊天动地，吸引人的眼球。它可以是枪响，轰然响亮，也可以是一副春联儿，小却温暖人心。

叶圣陶老先生为老俞拟的春联是——

有子荷戈庶无愧

为人推毂亦复佳

那意思是说老俞有儿子在前线杀敌报国，对得起国家，自己卖力气拉鸡公车吃饭，比谁都不差。老俞从私塾老师那里打听到了对联的含义之后，他非常感谢叶老先生："你老师真是摸到了人家心窝里。"

小小的一副春联儿，作为悬念出现在文章的结尾，让我们感慨。春联儿，在文章中不仅成为小小的悬念，也成为小小的细节，既写了战时老俞的境遇与心情,也写了叶老先生对老俞的一份真挚的感情。前面所写的一切琐琐碎碎的事情,在春联儿这里都收拢而有了向心力。春联儿的出场让文章戛然而止,恰到好处。

悬念的设置,可大可小,可巧妙编织密密如灿烂的一天云锦,也可以平易近人如身边的点滴琐事。可以在文章开头就布下蛛丝马迹,让人费尽心思琢磨,也可以在文章最后不经意地出现,蓦然打响一杆猎枪,或悄然盛开一朵小花,令人喜不自禁,自有另一番收获。

▶ 推荐阅读

☆ 沈从文《生》　　☆ 叶圣陶《春联儿》

读结尾

——好文章必须要有余味

俗话说得好：编筐织篓，全在收口。好的文章也是这样，结尾很重要。当然，文章的开头也重要，但是，相比结尾，开头可以平地起雷，先声夺人，但大多文章的开头更可以开门见山，平易朴素，不必那么显山显水。结尾却必须得有出彩的地方，即使平易，也必须有一种特别的味道才行。所以，我读文章，很注意结尾，结尾处理得如何，可以看出一个作者写作的功力。

我们来看看几篇文章的结尾——

迟子建的小说《亲亲土豆》，是一篇充满温情的作品。它写了一对种土豆的农民夫妻患难与共、相亲相爱的故事。丈夫对种土豆最是充满感情，连本来没有香味的土豆花，他都能闻出香味来。丈夫偏偏患癌症过早去世了，临去世前从医院里跑出，给妻子买了一件她最喜欢的宝石蓝的软缎旗袍，然后回家到地里收土豆。冬天，丈夫去世了，故事也要结束了。该如何写这个结尾呢？

这确实比较难。一般化地写妻子悲痛，写一看到或吃到土豆的时候就想起丈夫，或索性将丈夫就埋葬在土豆地里，都不是迟子建的选择。冬天墓穴不能挖深，盖在棺木上的只是一点冻土，人们一般都去拉一马车煤渣来盖坟。妻子说丈夫不喜欢煤渣，她装满五麻袋土豆，将土豆倾倒在坟上。

> 李爱杰上前将土豆一袋袋倒在坟上，只见那些土豆咕噜噜地在坟堆上旋转，最后众志成城地挤靠在一起，使秦山的坟豁然丰满充盈起来。雪后疲惫的阳光挣扎着将触角伸向土豆的间隙，使整座坟洋溢着一股温馨的丰收气息。李爱杰欣慰地看着那座坟，想着银河灿烂的时分，秦山在那里会一眼认出他家的土豆地吗？他还会闻到那股土豆花的特殊香气吗？

从夫妻共同劳作共同收获共同喜欢的土豆出发，到用土豆盖坟让丈夫死后在天堂也能看到家里的土豆，闻到土豆的香味，气韵贯穿，一气呵成，是迟子建精心而新颖的设置。小小的土豆，奇妙地用在这里，起到了秤砣虽小压千斤的作用。

这还不算完，迟子建意犹未尽，下面在妻子最后一个离开坟地的时候，"坟顶上的一只又圆又胖的土豆从上面坠了下来"，一直滚到妻子的脚下，妻子怜爱地看着这个土豆，轻轻嗔怪着："还跟我的脚呀？"将一对夫妻的感情表达得如此细微而别致；一个小小的土豆，被她用到了极致。结尾收得真好。

意大利著名作家皮蓝德娄的小说《西西里柠檬》，写的是一个乡村的长笛手坐了 36 个小时的火车，从家乡西西里来到那不勒斯看望五年未见的未婚妻。五年前，是长笛手发现了未婚妻的唱歌天赋，变卖了自己的财产，供她到那不勒斯来读音乐学院。五年后，未婚妻成了歌唱家，却已经变心。这是一个痴心男子负心女的故事，故事本身并不新鲜，结尾处理的好坏，关系着作品的成败。

皮蓝德娄采取了和迟子建一样的方法收尾。迟子建用的是土豆，他用的是西西里的柠檬，都是来自家乡的土特产，充满浓郁的乡土气息和情感，可谓英雄所见略同。只不过，在运用自己得心应手的道具时，皮蓝德娄所采取的方法又和迟子建略有不同。文中，长笛手背着的那一袋柠檬，始终没有出场。长笛手坐在厨房里，空等了一个晚上，等到女歌唱家演出结束，和一帮达官贵人回来,觥筹交错的欢声笑语不停,就是没有进厨房看一看长笛手。长笛手非常伤心,准备起身告辞的时候,才想起带给未婚妻的那一袋家乡的柠檬——柠檬此时才出场。可以设想,如果在长笛手等候的时候,就让柠檬出场,就不会取得这样的效果。

皮蓝德娄最后在小说中是怎么处理这一袋扛了36个小时的柠檬呢?他先让长笛手把喷香的柠檬倒在桌子上,对未婚妻的母亲说:"这些柠檬本来是给她带来的,现在我只留给您一人吃。"他拿起一个柠檬,凑在她的鼻子底下说:"您闻闻,咱家乡的泥土味!"显然,这柠檬之前是他们在家乡相恋的物证,现在成了女歌唱家背叛爱情也背叛家乡的一种象征。

小说就此结尾可以不可以?当然可以,应该说,也是一个不错的结尾。

可是,皮蓝德娄并不满足于就此结尾,他让女歌唱家出场,她没有和倾心倾力帮助自己成功的长笛手见面,却和柠檬见了面。客厅里夜宵结束之后,女歌唱家跑到厨房,看见母亲一个人在哭,而客厅里的先生们依然在大声欢笑。她问了一句:"他走了?"母亲指着桌子上的柠檬对她说:"你看看,他给你带来的柠檬!"她的表现是什么样子呢?她一手捂在胸前,一手尽可能多抓一些柠檬,不顾母亲"别拿那边去"的叫喊,"耸耸肩,边喊边跑向客厅,叫道:'西西里柠檬!西西里柠檬!'"小说到这里戛然而止，尾收得干脆有力，却又蕴含丰富。

如同迟子建将土豆的作用发挥到极致，皮蓝德娄也将柠檬用得淋漓尽致。可以设想，如果没有土豆和柠檬，他们的小说该如何收尾？有了土豆和柠檬，尾收得就有了力度，有了味道，很多充满情感与感喟的心情和话语，都不必再讲，土豆和柠檬代表了要讲的一切。

再来读俄罗斯作家巴乌斯托夫斯基的小说《雪》。它用的是另一种方法来收尾。

《雪》讲述的是一个海军中尉战后归家的故事。他回家之前，父亲已经去世了，他写给父亲的信，被为躲避空袭租住在他家的来自莫斯科的一位女钢琴家拆开看了。在这封信中，他诉说了自己离家这些年对家的想念，他渴望回到家时，门前小径的雪已经清扫干净，坏掉的门铃重新响起来，那架老钢琴被调试好了音，钢琴上依旧摆着原来的琴谱《黑桃皇后》序曲，烛台上插着他从莫斯科买来的黄蜡烛，他洗脸时还能用那个蓝色罐子装水，用那条印着绿色橡树树叶的亚麻布手巾擦脸……

雪后一个下午，海军中尉回到了家。他所看到的一切，正是写给父亲的信中，自己所渴望的一切。可是，他知道，寄给父亲这封信之前，父亲就已经去世了。所有这一切，都是女钢琴家精心为他做的。

这是一个多么温馨的故事,战争让人们失去了很多,也让人渴望很多,让陌生的人走近彼此,互相慰藉。海军中尉看到这一切时,和我们一样感动。在和女钢琴家告别的时候,女钢琴家对海军中尉说:"我好像在哪里见过你。"中尉说:"我也有这种感觉,可是我不记得了。"然后,女钢琴家送中尉到火车站,把自己的双手伸向他,对他说:"给我来信,我们现在差不多成了亲戚了,是不是?"中尉没有说什么,只是点点头。如果就在这里结尾不是很好吗?充满了未了的情怀和缠绵的余味,给读者留下了想象的空间。

但是,巴乌斯托夫斯基没有在这里收尾,他紧接着还写了一段文字。几天后,女钢琴家收到中尉写给她的一封信,信中表达了对她的感谢,还讲了这样一件事,在战前克里米亚的一座公园梧桐树掩映的小径上,他曾经看到手里举着一本打开的书的年轻姑娘,从自己的身边轻快而迅速地走过。中尉在信里说:"那个姑娘就是你,我不会弄错的。""从那以后,我就一直爱着克里米亚,还爱着那条小径,在那里我只见了你短短一瞬间,以后就永远失去了你。但是,人生是对我仁慈的,我又见到了你!"

小说到这里收尾,也挺好的呀。将过去和现在进行了衔接,人生之巧合,让失之交臂的人又重新相遇。但是,巴乌斯托夫斯基不愿意用这样落入俗套的巧合结尾，他还是希望能够如生活中发生的事情一样，在平易和平常中发现诗意。他让女钢琴家看完信后喃喃自语："我的天呀，我从来没有去过克里米亚呀！但是，这又有什么呢，难道值得把真情告诉他，让他失望，也让我失望吗？"这样的收尾，让人意外。它留给我们回味的余地更为宽阔。它让我们感受到人与人之间感情的美好与微妙。

小说名为"雪"，但雪的着墨不多。雪的出场，都是在关键时刻，一次是女钢琴家看到中尉写给父亲的那封信的时候，"雪在窗玻璃上映照着暗淡的微光……一只鸟从树上飞开的时候，从树干上带下一点雪。雪如白色的细粉飘扬下来，把窗户蒙上一层白霜。"一次是女钢琴家读完中尉写给她的信之后，她"用朦胧的眼睛瞩望着窗外白雪掩盖的花园"。"窗外的夕阳闪着惨淡的光辉，不知怎的，阳光总也不消失。"巴乌斯托夫斯基没有刻意以雪象征什么或说明什么，却让细碎的雪花和雪后的阳光带给我们一种美好纯净的意境。这种意境，在收尾的时候，只是蜻蜓点水，一笔带过，却浓淡适宜，恰到好处。

同《亲亲土豆》和《西西里柠檬》相比较，《雪》的结尾，用的不是象征物的凸显，不是这样细节的舞动，而是情节的变化，以及雪的意境的弥漫。文学作品好的结尾方法有很多，好的结尾，弥漫着无限可能的想象空间，像电影结束之前响起的音乐之声，如雾如烟，萦绕不已。多读，我们会读到更多有意思的方法。

> **推荐阅读**
>
> ☆ 迟子建《亲亲土豆》　☆【意】皮蓝德娄《西西里柠檬》
> ☆【俄】巴乌斯托夫斯基《雪》

读主题

——寻找文章的路标

时代发展的速度太快，随着拇指化阅读的流行，手机碎片化的海量信息的获取逐渐替代或部分替代传统经典的阅读。很多过去时代很优秀的作家，正在不经意间理所当然地被我们无情遗忘。

英国作家高尔斯华绥，不知道是否在这被遗忘的名单之列。他的短篇小说《品质》，现在被选入有的省份的语文教材，应该说是个不错的选择，说明我们有人还记得他。

高尔斯华绥是英国伟大的作家，曾经获得过诺贝尔文学奖。这篇《品质》是他1911年写的作品。优秀的作品，不会随时间的流逝而褪色，相反会在时间的打磨和淘洗下越发显示出它的光芒。

之所以选择这篇小说来读，是因为对于这篇小说的主题，至今人们的看法不尽相同，各执一词，各有道理。当然，这正说明这篇小说的价值。好的小说的主题，总是具有多义性的，在不同的时代，不同的人们对它会有不同的解读。但是，主题再如何多义，总会有一个主导的方向，指示着其中作者最想表达的最重要的东西。这个重要的主题，一般可以从这样两个方面来判断：一是作品中作家自己明确的或隐藏的言说，二是要根据作品所描述的时代和我们今天所处的时代这样两个参照物。这两个方面是我们寻找主题的两个路标。

《品质》这篇小说的内容很简单：伦敦最好的手工制鞋匠哥斯拉兄弟，在资本主义大工业化的过程中，在城市化的进展中，无情被淘汰，先是兄弟俩的店铺被他人吞并，后是兄弟俩先后悲凉离世，最后，连兄弟俩曾经的制鞋铺子所在的那条街道，都已经不复存在。这是一个大时代里的小故事，描写了一对手工匠的悲惨命运。

我们以往的语文教学对这样的故事都会这么来提炼主题：表达了作者对资本主义经济发展残酷无情的揭露，对于小工业者被挤压的悲惨命运的同情。或者是表达了作者对资本主义社会中崇尚贵族身世的偏见的批评，对底层手工业者高贵品质的歌颂。

当然，这样两个方面主题的总结，都是对的。小说中，确实表达了这样两个方面。但是，这只是传统阅读中对于小说主题的总结，是延续以往惯性的总结，或者说是对前人总结的一种照本宣科的总结，是一种偷懒式的总结。我说这是偷懒式的总结，因为它没有按照阅读的基本的方法，秉持阅读的基本态度，自己去看，去思考，去寻找。

怎样来进行小说主题的寻找？就是用前面所说的两个路标。

先来看第一个路标，即作家自己在作品中是怎么书写制鞋匠兄弟的，是怎样叙述这个故事的。

小说是通过"我"第一人称的视角来叙述这个故事的。所有的一切，都是通过"我"的眼睛看到的。"我"和父亲两代人都在哥斯拉兄弟那里定制皮靴，先虚写了对制鞋匠的手艺和制靴的品质的信任。然后，具体写"我"十四岁那年第一次到那里定制成人靴子之后的这些年来，"我"对制鞋匠兄弟的印象。小说是这样写的："只有亲眼看到靴子灵魂的人才能做出那样的靴子——这些靴子体现了各种靴子的本质，确实是模范品。""我总觉得，做靴子，特别是做像他所做的靴子，简直是奇妙的手艺。"

看，"我"称赞制鞋匠手艺的奇妙，制出的靴子是"模范品"，"我"认为制鞋匠亲眼看到了靴子的灵魂。"奇妙的手艺"也好，"模范品"也好，"靴子的灵魂"也好，其实说的都是一点，即制鞋匠制鞋的手艺高超。

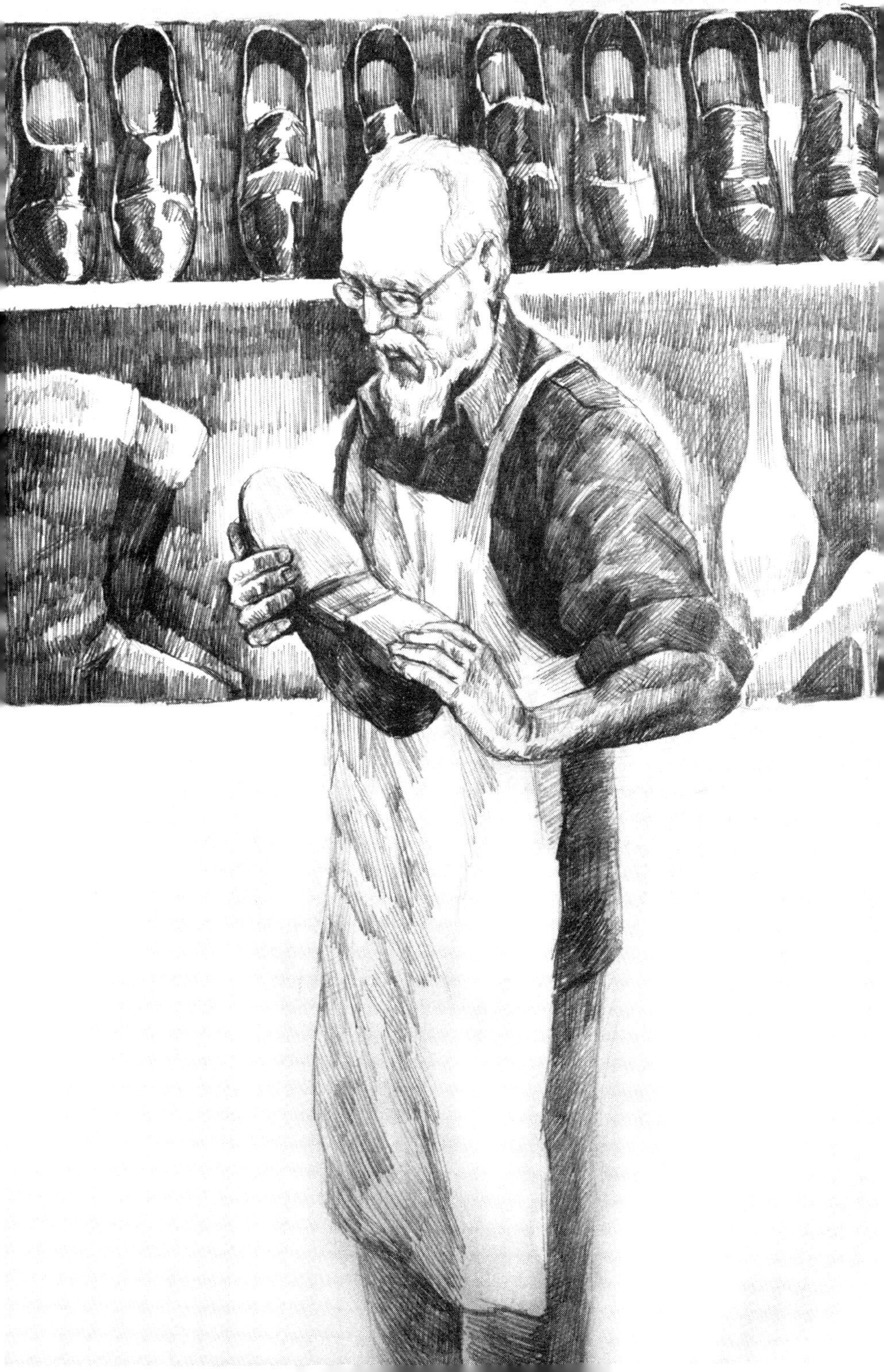

当然，这还只是印象，是抽象的，下面紧接着主要有这样六次"我"到鞋铺请制鞋匠做靴子的直接场面描写。

第一次：有一天，我把幼小的脚伸到他跟前时，羞怯地问道："哥斯拉先生，做靴子是不是很难的事呀？"他回答说："这是一种手艺。"从他那含讽带刺的红胡根上，突然露出了一丝微笑。接着，作者写了制鞋匠有点像皮革制成的人，有些木讷，呆板，但"眼睛里含蓄着朴实严肃的风度，好像在迷恋着理想"。

第二次：又有一天，"我"到鞋铺请制鞋匠为"我"做一双俄国皮靴。他一声不响地离开了，不久，"他回来了，细瘦多筋的手里拿着一张褐黄色皮革。他眼睛盯看着皮革对我说：'多么美的一张皮呀！'"送"我"走后，他回到楼上，做他的靴子梦了。

这一段插叙了一小节：如果说"我"要制鞋匠做一双他没有做过的新式样靴子，他会让"我"脱下靴子，他把靴子拿在手里，目光盯在靴子上，有批评有爱抚，"好像在回想他创作这只靴子所付的热情，好像在责备我竟然穿坏了他的杰作。"然后，他在纸上为"我"的脚画鞋样，"用他敏感的手指来回摸我的脚趾，想摸出我要求的要点。"

第三次：又有一天，"我"对制鞋匠说一双靴子穿起来咯吱吱的响。他让"我"把靴子拿来，埋头细看后说："这双靴子做好的时候就是坏的，我修不好它就不收你这双靴子的钱。"

第四次，还是又有一天，"我"穿着一双因有急事在一家大公司里买的靴子，到制鞋匠那里做靴子，他一眼看见了"我"脚上的靴子，说道："那不是我做的靴子！"当初为了时髦，这双靴子左脚有一处不舒服，他一眼看出，用手指压了压那个地方问"我"："这里疼吧？"然后，说了句："这些大公司真不顾体面。可耻！"

第五次和第六次是连在一起写的，都是写制鞋匠做的靴子太结实了，好久也穿不坏。兄弟俩的鞋铺每况愈下，其中一间已经转手他人。第五次，弟弟感慨地对"我"说："人们好像不要结实的靴子了。"第六次，他一边在纸上画脚的鞋样，摸摸"我"的脚趾，一边对"我"说："我哥哥死掉了！"看到他衰老至极的样子，"我"以为他再也做不了靴子了，对定制的四双靴子不抱希望，可是，"我"收到了寄来的靴子。"我"把四双靴子排成一排，一双一双试着靴子，"不论在式样或尺寸上，在加工或皮革质量上，这些靴子都是他为我做的最好的靴子。"

从这六次"我"和制鞋匠正面交往的场面里，我们可以充分地看到，所有的一切都有一个明确的指向，便是品质。制鞋匠对自己手艺的自信和自得，对于皮革的认真和感情，给"我"画鞋样时摸摸脚趾的仔细和态度，对自己偶然做得不好的靴子的自责和改正，以及对于不认真而用了劣质皮革做靴子的大公司的鄙夷和责骂，或者是通过"我"的口，对制鞋匠那些赞美的话，无不是从不同的侧面在描写制鞋匠对于品质执着的坚守。

在小说的结尾，"我"再次到哥斯拉店铺里，店铺易主，弟弟也已经过世了。通过新店主之口，我们明白，哥斯拉所有的靴子都自己做，要用最好的皮革，要让顾客等好长的时间。这是新店主对哥斯拉的不理解和责备，却也还是反衬出对哥斯拉这种对品质坚守的赞美。

小说最后两句话，一句是新店主说的："他经常断炊。他是个怪人。但是他做了顶好的靴子。"一句是"我"说的："是的，他做了顶好的靴子！"依然是对这种品质坚守的赞美。

我们再来看第二个路标，就是小说所描写的时代和我们今天所处的时代。小说没有正面描述那个时代，只是插叙了一小节关于大公司和哥斯拉小鞋铺的对比，让哥斯拉发了几句牢骚，直陈这些大公司靠公告而不是靠工作垄断了一切，把哥斯拉的生意抢了去。另一点，便是最后哥斯拉的鞋铺被专门为王室制鞋的新店家吞并。这两点，第一点属于挂角一将，第二点直接影响小说情节与人物命运的发展。从这些情节中，我们的确能读到小说对正处于发展中的资本主义的质疑和批判，但是，这并不是作者在这篇小说中书写的重点。他书写的重点，不是批判，而是赞美，是对于鞋匠坚守品质的赞美，以及对于失去这种品质的怅惘和缅怀。这个品质，不仅是制鞋匠对制鞋工艺的坚守，更是人的一种最可宝贵的品质。

找到了这篇小说的主题，对于我们今天有什么样的意义呢？也就是说，我们需要找到的，不是一百多年前的主题，而是指向今天的主题，这才是我们阅读这篇作品的意义所在。

从我们今天这个经济正在高速发展的社会来看，一百多年前的哥斯拉兄弟，是我们的一面镜子。今天，商品经济的元素渗透各个领域，乃至人们的血液，利益成为人们最大追求的起点和终点。相比哥斯拉兄弟俩将这种品质不仅作为一种对于工作由衷的热爱，更是当作一种理想的追求和坚守，真的是该问一下，我们自己的身上还存有多少这样的品质？无论什么样的时代，手艺的品质，产品的品质，心灵与精神的品质，都是值得追求和坚守的。哥斯拉兄弟身上所体现和坚守的品质，恐怕就是我们今天所提倡的工匠精神吧！

高尔斯华绥在这篇小说中，不吝惜使用大词，对这种品质进行赞美。其中有一句，他说走进哥斯拉兄弟的鞋铺，"就像走进教堂那样"。哥斯拉的鞋铺只是两小间而已，但高尔斯华绥说是教堂，这便是说这种品质是一种高尚的、神圣的、庄严的品质，也是我们久违甚至业已被我们抛弃而需要重新景仰的品质。

阅读，从来不是只读故事，而是在读他人故事的时候，想到自己，想到我们今天的生活。这样，阅读才具有现实的意义。

▶ 推荐阅读

☆【英】约翰·高尔斯华绥《品质》

读整本书

——以《骆驼祥子》为例

老舍先生的《骆驼祥子》演绎了祥子悲催的一生。无疑,祥子是文章的主角。那么文章的第二主角是谁呢?虎妞?四爷?小福子?我要说,第二主角应该是车,是几乎和祥子形影不离的洋车,它虽然不会说话,却是另一个祥子,或者说是祥子的影子。很多时候,是车在替祥子演绎心情、感情,以至故事的悲欢离合。车当然就成为祥子的贴身之物和化身,影子和魂儿。故事离不开车,祥子也离不开车。写车,就是写人;写人,就必须要写车。车和人,在这里互为表里,融为一体,成为小说的骨架,故事的筋脉,人物的血肉。

我们仔细来看《骆驼祥子》里描写祥子和车的段落,就可以读出老舍先生写作的良苦用心。

祥子攒了三年的钱终于买了一辆新车。这时候祥子的心情肯定是高兴的，但老舍并未空洞地描述祥子高兴的心情，而是这样写：

> 祥子的手哆嗦得更厉害了，揣起保单，拉起车，几乎要哭出来。拉到个僻静地方，细细端详自己的车，在漆板上试着照照自己的脸！越看越可爱，就是那不尽合自己的理想的地方也都可以原谅了，因为已经是自己的车了。把车看得似乎暂时可以休息会儿了，他坐在了水簸箕的新脚垫儿上，看着车把上的发亮的黄铜喇叭。他忽然想起来，今年是二十二岁。因为父母死得早，他忘了生日是在哪一天。自从到城里来，他没过一次生日。好吧，今天买上了新车，就算是生日吧，人的也是车的，好记，而且车既是自己的心血，简直没什么不可以把人与车算在一块的地方。

祥子买了新车之后高兴的心情，是通过车来描写的，这样心情便不会抽象、空洞，而是具象化，用老舍先生自己的话说："简直没什么不可以把人与车算在一块的地方。"老舍先生很清楚，写人离不开写车。在这一段，老舍先生先让祥子的手"哆嗦"，继而让祥子"哭"，然后，让祥子把车拉到僻静的地方，先细细"端详"车，再在车的漆板上"照照"自己的脸……"哆嗦""哭""端详""照照",一系列的动作连贯而成,祥子的高兴心情展现得一览无余。所有这些动作,都是依托车来完成的,车当然起到了心情抒发的关键作用。这还不够,老舍先生最后把买车这一天安排在和祥子的生日同一天。这一笔,我读的时候心里很震撼。老舍先生这样写,真是让人印象深刻。这让这辆新车在祥子心目中的分量变得更重,同时,把这辆新车带给祥子的喜悦心情写到极致。

我们再来看老舍先生写祥子终于买了这辆梦寐以求的车之后的一段描写。这段描写,主要表现祥子是如何珍爱这辆新车。该如何来写这种珍爱之情呢?一般而言,我们可能会写祥子怎么爱护这辆车,怎么和这辆车相依为命,即使回来得再晚,自己拉车再累,也要把车擦得干干净净,车就是祥子的命等等。这样描写当然可以,却是一般写作者都容易想到的话,高明的写作者会有更好的写作方法。老舍先生是这样来写的:

> 那辆车也真是可爱,拉过了半年的,仿佛处处都有了知觉与感情,祥子的一扭腰,一蹲腿,或一直脊背,它都就马上应和着,给祥子以最顺心的帮助,他与它之间没有一点隔膜别扭的地方。赶到遇上地平人少的地方,祥子可以用一只

手拢着把,微微轻响的皮轮像阵利飕的小风似的催着他跑,飞快而平稳。拉到了地点,祥子的衣裤都拧得出汗,哗哗的,像刚从水盆里捞出的。他感到疲乏,可是很痛快的,值得骄傲的,一种疲乏,如同骑着名马跑了几十里那样。

老舍先生完全把这辆车拟人化了,祥子什么样的拉车动作,车都能够马上和他应和,甚至可以如小风似的催着他跑。拉车再累,心里痛快,老舍先生给这痛快再打上一个比喻,这痛快的分量就加重了,祥子拉车就跟骑名马一样,那种得意和惬意的劲儿,都形象地表现了出来。

祥子丢掉了这辆新车之后,最大的梦想是再买辆车,他的内心痛苦、焦灼。怎样表现这种心情呢?如果光是说他如何想买车,日思夜想,想得睡不着觉,吃不下饭,这肯定不行。老舍先生这样写的:

> 这是他的志愿,希望,甚至是宗教。不拉着自己的车,他简直就是白活。他想不到做官,发财,置办产业;他的能力只能拉车,他的最可靠的希望就是买车;非买上车不能对得起自己。他一天到晚思索这件事,计算他的钱;设若一旦

忘了这件事，他便忘了自己，而觉得自己只是一个会跑路的畜生……

这段话写祥子梦想买车的愿望。车和祥子血脉相连，失去了车，祥子就等于失去了自我。老舍先生先以"志愿，希望，甚至是宗教"来写祥子买车的渴望的心情，再以买不了车，就是"白活"，甚至"只是一个会跑路的畜生"，让祥子在这样形而上和形而下的两极跳跃中，展示他的那种别人难以理解的心酸中带有一线希望的心情。

紧接着，老舍先生写道：

无论多么好的车，只要是赁来的，他拉着总不起劲，好像背着块石头那么不自然。就是赁来的车，他也不偷懒，永远给人家收拾得干干净净，永远不去胡碰乱撞；可是这只是一些小心谨慎，不是一种快乐。是的，收拾自己的车，就如同数着自己的钱，才是真快乐。他还是得不抽烟不喝酒，爽性连包好茶叶也不便于喝。在茶馆里，像他那么体面的车夫，在飞跑过一气以后，讲究喝十个子儿一包的茶叶，加上两包白糖，为是补气散火。当他跑得顺"耳唇"往下滴汗，胸口觉得有点发辣，他真想也这么办；这绝对不是习气、做派，而是真需要这么两碗茶压一压。只是想到了,他还是喝那一个子儿一包的碎末。有时候他真想责骂自己,为什么这样自苦;可是,一个车夫而想月间剩下俩钱,不这么办怎成呢?他狠下心。买上车再说,买上车再说!有了车就足以抵得一切!

这一段是上一段的补写和展开。想买车的心情描写得更加具象化了。赁来的车,拉起来,总是不得劲。老舍先生打了个比喻:"好像背着块石头",这是小心谨慎,而不是快乐。拉自己的车,才是真正的快乐。收拾自己的车的快乐,"如同数着自己的钱"。用有车的快乐,来反衬失去车的失落,想要车的心情就更加迫切。特别是详写想喝好茶,十个子儿一包的茶,两包白糖,写得非常具体。但是,祥子为了每天攒俩钱买车,最后还是没舍得喝好茶,还喝一个子儿一包的碎末。让人感觉是那么真实,又那么心酸。

祥子终于买了二强子的车,但是,他的身体已经不行了,再不是当年拉车"如同骑着名马跑几十里"的祥子了。老舍先生此时如何借车写祥子的悲剧命运?在老北平城夏天最热的一天,又是正午一点,最热的一天里最热的时候,老舍先生让祥子出场拉车。这样规定的特殊场景,更能够考验祥子每况愈下的身体,也

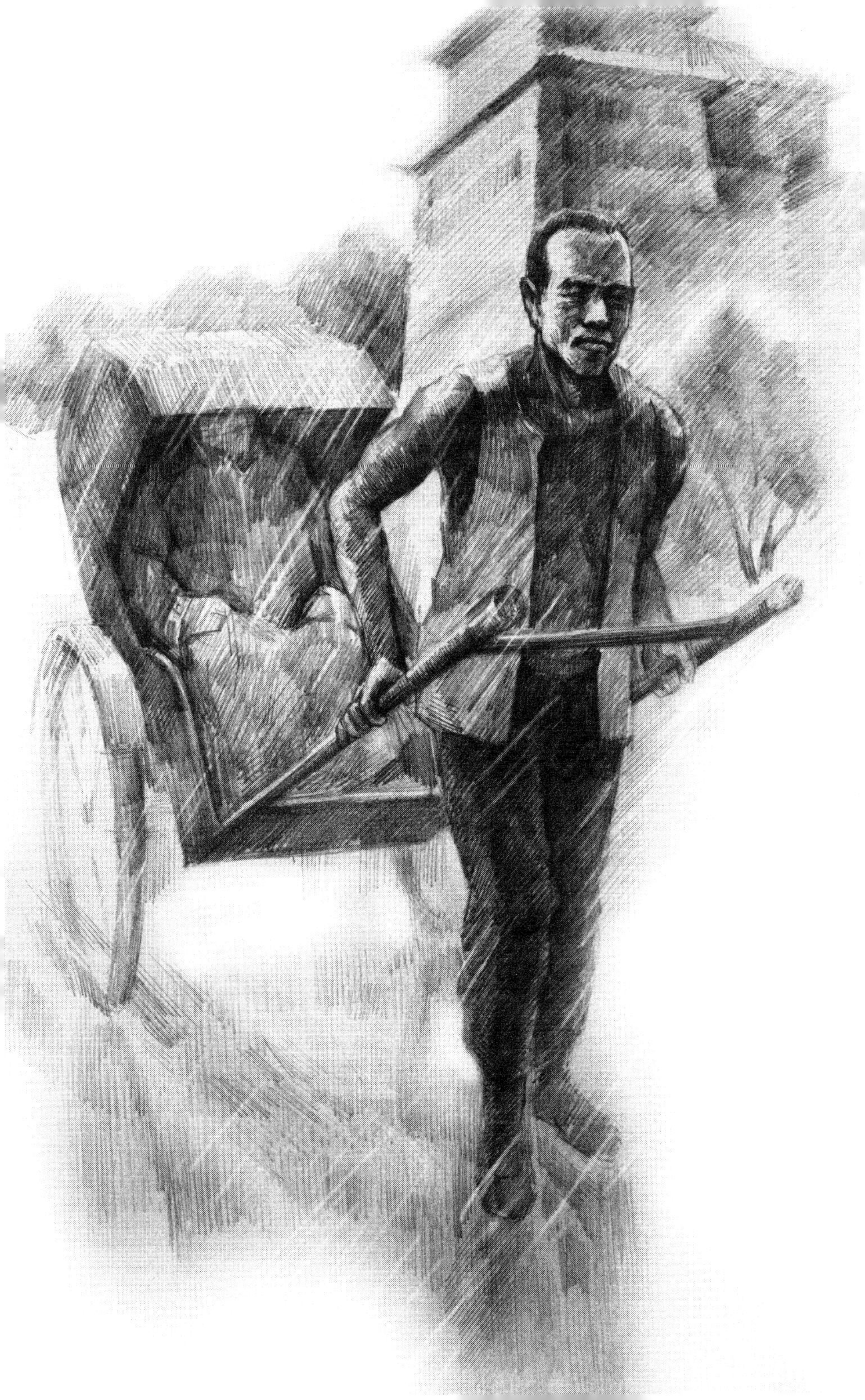

更能够展示祥子进退两难、扭曲而悲催的心情:

> 可是他决定去跑一趟。他不管太阳下是怎样的热了;假若拉完一趟而并不怎么样呢,那就证明自己身子并没坏;设若拉不下来这个买卖呢,那还有什么可说的,一个跟头栽死在那发着火的地上也好!

虽然心气尚存,但已经不复从前了。老舍先生先预设了最悲惨的结局,也暗示了在这样特殊的场景中祥子拉车出场的不祥。祥子虽然是强打精神试试这趟活儿,其心情已经是动荡不安了。

紧接着,老舍先生让天气发生了变化,祥子刚刚还拉着车奔跑在火热的太阳底下,忽然之间,天下起大雨来。如同舞台背景瞬间的变化,祥子拉车的情景与心情,便有了意想不到的悲凉变化。这是这一段的重头戏。老舍先生写道:

> 祥子的衣服早已湿透,全身没有一点干松地方;隔着草帽,他的头发已经全湿。地上的水过了脚面,已经很难迈步;上面的雨直砸他的头与背,横扫着他的脸,裹着他的裆。他不能抬头,不能睁眼,不能呼吸,不能迈步。他像要立定在

水中，不知道哪是路，不晓得前后左右都有什么，只觉得透骨凉的水往身上各处浇。他什么也不知道了，只心中茫茫的有点热气，耳旁有一片雨声。他要把车放下，但是不知放在哪里好。想跑，水裹住他的腿。他就那么半死不活的，低着头一步一步的往前拽。坐车的仿佛死在车上，一声不出的任车夫在水里挣命。

　　大雨和车一起，撕扯着祥子的身体和心情。在雨中，他浑身湿透却欲罢不能，他在水中挣命。大雨过后，祥子病倒了，这是必然的结果。这不仅让骆驼一样壮实的祥子病倒，更让一个曾经有过最普通梦想的祥子"谁也拦不住的往低处去了"。老舍先生用祥子和车命运相连的故事，深刻而悲凉地揭示了旧社会里一个普通劳动者梦想破灭而堕落的悲催命运。车此时成了人生与命运悲惨结局的亲历者和见证者。

　　最后，我们来看对祥子堕落的情景描写。老舍先生进行了多侧面的描述，依然是用车来写祥子的这种情景。我们来看其中的几段描写：

　　　　对于车，他不再那么爱惜了。买车的心既已冷淡，对别人家的车就漠不关心。车只是辆车，拉着它呢，可以挣出嚼谷与车份便算完结了一切；不拉它呢，便不用交车份，那么手里只要有够吃一天的钱，就无须往外拉它。人与车的关系不过如此。

他的车也不讲究了，什么新车旧车的，只要车份小就好。拉上买卖，稍微有点甜头，他就中途倒出去。坐车的不答应，他会瞪眼，打起架来，到警区去住两天才不算一回事！独自拉着车，他走得很慢，他心疼自己的汗。及至走上帮儿车，要是高兴的话，他还肯跑一气，专门把别人落在后面。在这种时候，他也很会掏坏，什么横切别的车，什么故意拐硬弯，什么别扭着后面的车，什么抽冷子操前面的车一把，他都会。原先他以为拉车是拉着条人命，一不小心便有摔死的危险。现在，他故意的耍坏；摔死谁也没大关系，人都该死！

想想在小说的开头部分，祥子对于车的向往、珍爱，拉车跑路时的那种快乐，那种相依为命并充满期盼的感觉，你会觉得现实让祥子的命运发生了这样剧烈的变化，这种变化让人震动、心痛。老舍先生用最集中又最经济的笔墨，书写了祥子前后心情的变化，同时更书写了祥子的命运变化。他将人在车上面的心情闪烁，车在人身上的命运折射，将抽象心情与宏观的命运这两种最难写的东西，为我们生动而形象地展示了出来。

老舍先生还有这样一段描写，写祥子和刘四爷的邂逅，他在鼓楼前抢了个座儿，拉的人正是几年不见的刘四爷：

> 车进了小胡同，一条狗大概看穿长衣拉车的不甚顺眼，跟着他咬，他停住了车，倒攥着布掸子，拼命的追着狗打。一直把狗赶没了影，他还又等了会儿，看它敢回来不敢。狗没有回来，祥子痛快了些："妈妈的，当我怕你呢！

祥子留给我们最后的印象，竟然是与狗计较。对生的可怜梦想的破灭，残酷命运的折磨，已经把祥子彻底击垮。这就是老舍先生的叙事能力，他总能找到变化不同的方式，将祥子这个人物放在与车相关联的具体情境之中，来尽情描摹祥子的心情、感情和命运的曲折谱线。他写祥子与车，将车的内涵与外延都展开，上一次，用的是大雨，这一次，用的是狗。

老舍先生善于书写小人物的生存状态和命运起伏。卑微弱小的祥子的悲剧命运读来令人唏嘘。读《骆驼祥子》，我们可以了解到那个年代底层人物的生存状态，从而理解一段历史和一个时代。这对于我们更好地珍惜今天、活在当下尤为重要。它既是历史的教育，文学的教育，也是情感的教育。

> **推荐阅读**
>
> ☆ 老舍《骆驼祥子》

读古诗

——古诗要从少年读

对于我国古典作品的阅读,不同人有不同的意见,有人主张读《论语》之类的经典,有人主张读四大名著这样的文学经典,有人主张读《百家姓》《弟子规》之类的蒙学读本……我的主张,则不妨让孩子先从读古诗入手。

一、从李白的绝句读起

李白的诗,特别是绝句,不仅浅显易懂,而且充满想象,最适合孩子读。古人曾经对此有高度评价:"太白绝句,每篇只与人别,如《寄王昌龄》《送孟浩然》等作,体格无一分形似。奇节风格,万世一人。"

这里说的《寄王昌龄》《送孟浩然》两首绝句，分别是《闻王昌龄左迁龙标遥有此寄》《黄鹤楼送孟浩然之广陵》，都是李白写的送别诗。送别的对象不同，情景不同，心情不同，当然，诗的写法便不尽相同。看看李白如何写送别诗的，又是怎么样做到"体格无一分形似"的。这也许可以帮助我们改进或避免写作中常犯的千篇一律、千人一面的雷同的毛病。

先看《闻王昌龄左迁龙标遥有此寄》：

杨花落尽子规啼，闻道龙标过五溪。
我寄愁心与明月，随风直到夜郎西。

头一句写时间，是春末时分；第二句写地点，王昌龄的人已经过五溪到了贵州。前两句以景带情，道出送别的时间，又写出几分离愁别绪的哀婉惆怅。但最好的还是最后两句，将李白送别的感情发挥得淋漓尽致。

后两句，如果少了"月"和"风"这两样景物的衬托，感情便显得单薄，无以尽情抒发。在这里，"月"和"风"便显得如此举足轻重起来。"愁心"借"明月"遣怀，和"明月"融为一体，"愁心"即所谓我们常说的看不见摸不着的抽象的心情，便有了依附，如明月一般，看得见，摸得着了。这样的心情，再随风一起飘散,和被送的王昌龄一起,不远千里一直到了贵州,这样的心情该是多么的形象、感人。

因此,我们可以看出,写抽象的心情,尽量避免用抽象的词语,要借用形象的景物。李白在这里借用的是明月与清风,语意便新,诗意便浓了。

再看《黄鹤楼送孟浩然之广陵》:

故人西辞黄鹤楼,烟花三月下扬州。
孤帆远影碧空尽,惟见长江天际流。

同样写送别,这一首没有如上一首借用明月和清风来写心情。如果同样借用长江来写心情,说我送你的心情和江水一样滚滚而流,一直伴随你到了扬州。那样的话,雷同就产生了,而且容易落入俗套,毕竟长江的意象很多古诗都有。这样,李白的诗就做不到"体格无一分形似"了。在这里,第一、二句写地点与时间,而后两句则实情实景实录,人走了,船都看不见影子了,李白还站在那里望。这是一种什么样的心情?所谓依依惜别,在这里定格成了一幅生动的画。

其实,这种心情,这种情景,我们都曾经有过。汽车走了,火车开了，轮船起锚了，人都看不见了，我们还站在那里情不自禁使劲地挥着手。我们常常就是这样写送别的情景与心情的。也是写实，为什么就没有李白写得那样动人呢？原因很简单，我们只写了前一句"孤帆远影碧空尽"，没有接着写下一句"惟见长江天际流"。有了这下一句，情感才在情境之中凸现，而不仅仅是单摆浮搁的送别。人看不见了，船看不见了，思念却如长江之水从天边涌来，不了之情，滚滚不尽，像音乐一样，有着余音袅袅的意境。

很显然，前一句，可以是一幅画；有了后一句，才成为一首诗。

二、从杜甫的对仗说起

杜甫律诗里的对仗，工整、讲究，富有寻常人生的感悟和哲思。因此，读杜甫诗，尤其注意其中的对仗，能够格外体会到中国文字的独到之处。其字与字和词与词之间微妙的变化和韵味，只有中国文字才能够拥有，是完全靠符号支撑起来的西洋文字难以企及的。

《绝句》虽然不是律诗，但里面的对仗是运用了律诗中的方法，用得非常妙。"两个黄鹂鸣翠柳，一行白鹭上青天。"孩子们都熟知，它的对仗工整又可爱，而且，没有一个生僻字，都是大白话，一看就懂，让你感到，相隔了一千多年，杜甫怎么操的还是和我们现在一模一样的语言？好的文字，就是这样和岁月和我们没有任何隔膜。

相比较这首诗的下面一联对仗，"窗含西岭千秋雪，门泊东吴万里船"就弱了些。同样的数字，"千秋"和"万里"的对仗，显得更虚更文了一些，不如"两个"和"一行"的对仗直白得亲近，如同我们平常的说话。黄鹂的"黄"和白鹭的"白"；翠柳的"翠"与青天的"青"的对仗，让我们对颜色感知得更为敏锐，很难想象如果用 yellow 去对 white，还能有这样的效果吗？

《江村》中，"自去自来堂上燕，相亲相近水中鸥。"依然是口语一般的亲近。《即事·暮春三月巫峡长》中，"黄莺过水翻回去，燕子衔泥湿不妨。"日常之景，渡水的黄莺，衔泥的燕子，都让他书写得这样富于人情味。水面上来回飞的黄莺，让我们看到了可爱的韧劲儿。衔泥不怕湿，是燕子不怕呢，还是诗人不怕？都格外体现着一种特别温馨的味道。

《院中晚晴怀西郭茅舍》中，"叶心朱实看时落，阶面青苔老更生。"依然是日常之景，果子和青苔，和人有了交流；"看时落"对仗"老更生"，让果子和青苔变得不同寻常，如同我们人一样，在生长的过程中有了往复的生命。只有深切地体会，才会体会到

"叶心"的"心",对"阶面"的"面"的奥妙,为什么不用"叶里"对"阶上",一样工整呀。"心"是比里更里面的深处,青苔正是紧贴在"面"上而生的呢。因此,说阶上花草,可以,说阶上青苔,就不那么确切。这就是中国文字的功夫啊。英文里的in、on、at,哪里有这样的丰富和奥妙!

《曲江二首》中,"穿花蛱蝶深深见,点水蜻蜓款款飞。"蜻蜓点水是现成的成语,让蝴蝶穿花和它相对,多么的聪明又和谐;"深深"对"款款",又见他观察是如何的细致。而这一切对于孩子来说,是拉近和大自然的关系的天然图画。

由于"三吏"和"三别",我们常误以为杜甫社会感的沉郁过重,其实,他常住乡间(是真正的乡间,不是现在有些人住的乡间别墅或度假村),对自然的情感,和孩子相通,观察得格外仔细特别,也和孩子的心理相似。

《题郑县亭子》:"巢边野雀群欺燕,花底山蜂远趁人。"野鸟到人间的窝边欺负燕子去了,山里的蜜蜂远避人群去花中静静地采蜜,其中的爱恨情感,特别是对弱势的偏向,和孩子们是多么的相近。"群"对"远",多么的别致,又充满感情的色彩。

《漫兴》(其七):"笋根雉子无人见,沙上凫雏傍母眠。"对比无人怜见的小野鸡,水鸟母子情深,更会让孩子引发联想。

《解闷十二首》:"山禽引子哺红果,溪女得钱留白鱼",依然是一幅山禽母子图,只不过,这一次是衔果图,对比的是溪女,其中字字对仗工稳,特别是"山"对"溪","引"对"得","红果"对"白鱼",让我们看到了景色、颜色和动作,一幅画里有情有景有动有静。

看似对于文字的信手拈来,其实是缘自对于文字的敏感,对于庸常生活态度的达观,而不是仅仅把对仗当成一种简单的文字游戏。《崔评事弟许相迎不到应虑老夫见泥雨怯出必愆佳期走笔戏简》:"身过花间沾湿好,醉于马上往来轻",写得真的是好,那种花间穿行和马上醉归的感觉,将琐碎的生活写得那样蕴藉。

《客至》:"花径不曾缘客扫,蓬门今始为君开",什么时候读,什么时候还会一如既往的感动,那种日常里的情感,在字字对仗里得到了最完美而诗意的洋溢。

杜甫的对仗里,有时爱用数字。比如"秋水才深四五尺,野航恰受两三人"(《南邻》);"蓝水远从千涧落,玉山高并两峰寒"(《九日蓝田崔氏庄》);"一声何处送书雁,百丈谁家上水船"(《十二月一日三首》)……用"百丈"对"一声",和用"千涧"对"两峰"一样,都是以虚对实,为的是突出实。而秋水"四五尺",小船只能载"两三人",大概是实际的情况。数字运用的方法,显然和前面不一样,但那种乡村野外的情景,却因"四五尺"和"两三人"实打实的对仗,显得格外亲切和平易。

杜甫的对仗里，有时爱用叠词。"无边落木萧萧下，不尽长江滚滚来"（《登高》）和"繁枝容易纷纷落，嫩蕊商量细细开"（《江畔独步寻花七绝句》）是我最喜欢的两联。"容易"对"商量"，多么别致；"纷纷落"对"细细开"，又是多么熨帖；"繁枝"和"嫩蕊"的对比，在杜甫的笔下和我们的心里，一下子不仅含有大自然的规律，也含有人生的哲思。同样，"萧萧下"的落木，"滚滚来"的长江，已经成为一种富于中国特色的象征，成了属于我们中国的至理名言。

也许，这正是中国文字独具的魅力吧。从杜甫的对仗里，我们看到蕴藏在中国文字内外，除天音浩荡的韵律外，更有我们民族文化之根那绵延至今的无限生机和无穷魅力。

三、童心未泯的陆游

读宋诗，尤其是孩子读宋诗，我以为首选是陆游和杨万里。

先来说陆游。陆游存诗很多，很杂，要有选择。我选择的是陆游晚年回归家乡，对日常景物描摹的诗。这些诗，可以看出他对司空见惯的日常景物细致入微的观察，以及童心所得的乐趣，清新可爱，浅近易懂。孩子们读这些诗，很容易和陆游产生共鸣，也容易联想到自己的生活，其实和陆游很相似，很相近，并没有隔开那么久的历史时空。

试读下面的诗句——

"市桥压担莼丝滑,村店堆盘豆荚肥"(《初夏行平水道中》)。担上莼丝鲜滑,盘中豆荚肥美,多像是一幅乡情画,是齐白石或陈师曾画的那种画。孩子一看就懂,写得平易,一个"滑"字,一个"肥"字,生动形象地将莼丝和豆荚写得那样诱人。

"船头一束书,船后一壶酒,新钓紫鳜鱼,旋洗白莲藕"(《思故山》),同样是船在藕塘水中,却是另一种写法。完全白描,有书有酒,有鱼有藕,多么闲适,多么幽情,又多么乡土。"紫鳜鱼"对"白莲藕","新"对"旋",有色彩,有心情,对得多么朴素,又惬意。孩子可以在这样富于色彩和心情的对仗中,体味中国文字在细微之处的妙处。

"旱馀虫镂园蔬叶,寒浅蜂争野菊花"(《西村》),旱情中的情景,秋寒时的情景,陆游眼睛里看到的是多么的细腻别致。如果是我们,面对的也是同样的秋景,也能够像陆游一样看到如此细腻而别致吗?

再看"花贪结子无遗萼,燕接飞虫正哺雏"。(《初夏闲居》)花期过后结子时节的丰满;一个"贪"字,一个"接"字,将这两种状态写得多么生动有趣。哪怕是再简单不过的字词之间,也会有着这样的丰富多彩,完全可以让孩子们将这里的"贪"和

"接"字置换成别的字，看看可以替代这两个字吗？

有时候，会觉得晚年的陆游实在不老，眼睛也没有花。"绿叶忽低知鸟立，青萍微动觉鱼行。"(《初夏闲步村落间》)他看得多么清楚，多么仔细。在绿叶之间和青萍瞬间的忽高忽低和微微一动时，便察觉出鸟和鱼的心思和举动来。这是一种什么样的眼神？

这是写大自然，再来看他写乡间情景。

"高林日暮无莺语，深巷人归有犬随。"(《晚行湖上》)写得多么真切，特别是后半句，人归来的时候，这个人无论是熟悉的家人，还是陌生的客人，都会有狗在身后紧紧跟随着，充满乡土的气息。陆游将乡间最常见的场景，写得温馨感人。

"长绳云边牵犊过，小舟月下载犁归。"(《农舍》)长长的绳子牵着牛，是从天外云那边远归的；小小的船儿载着犁杖，是从月下晚归的。多么美丽的一幅晚归图，这样的乡间景色，能够引起我们的遐想。

有时候，会觉得晚年的陆游童心未泯。看他写的"老翁也学痴儿女，扑得流萤露湿衣"(《月下》)；"花前骑竹强名马，阶下埋盆便作池"(《戏遣老怀》)。和孩子一起捕捉萤火虫，不顾露水打湿衣衫；在鲜花前骑了根竹子，就把竹子当成了名马；台阶下埋了个盆儿，就把盆儿当成了水池，这是一种什么心境和心情，哪里像是一个快九十岁的老人，整个就是一个孩子啊。

与其说这是一种对诗书写的方式，不如说更是对生活的一种态度，是返老还童的一种状态。读书与写作，有时候是很需要这样的状态的，尤其需要回归童心未泯的心境，才会容易笔随心生，写成这样生动的情景。而这一点，孩子们最容易和陆游这样的诗句引起共鸣。

看到陆游自己这样说："试说暮年如意事，细倾村酿听私蛙。"（《村饮》）便会明白了，为什么对于乡间的日常生活场景、风土人情，乃至花草虫鱼，这些细小而琐碎的东西，陆游寄予如此深情，以极其敏感而善感的童心，捕捉到，感受到，并把它们书写在诗中。这样的诗，如果有有心人精心地为孩子编选一下，确实是非常值得一读的。

四、和大自然亲密无间的杨万里

再来看杨万里。

小学五六年级的时候，我读过杨万里的一首《闲居初夏午睡起》的小诗："梅子留酸软齿牙，芭蕉分绿与窗纱。日长睡起无情思，闲看儿童捉柳花。"我读后一下子就记住了，读这首诗时的情景，至今犹在眼前。记得我看的那本书，这首诗的旁边，还有一整页的彩色插图，画的是几个小孩捕捉柳花的情景，背景是几片芭蕉叶和一扇花格窗。

好诗总是易懂易记的，尤其是中国古诗。在杨万里的这首诗里，梅子酸，芭蕉绿，是谁都知道的，如果仅仅这样写，没有什么了不起，谁都能写出来。可这首诗让读者回味无穷的，是梅子的酸味，长久留在牙齿之间；芭蕉的绿色，像人一样友情地分给了窗纱一部分，芭蕉的绿色就活了起来，像长了腿脚一样，可以跳到窗纱上了。真的生动又活泼。如果没有这个"留"字和"分"字，还会这样的生动吗？

杨万里是和陆游同时代的诗人，与陆游齐名，两人曾被称为南宋时的李白与杜甫。他的诗开一代新风，以口语入诗，写得明白如说话，最适合孩子来读。而且，他的诗中不少写的是大自然的山水、乡间的风俗图景，即使过去了那么多年，依然和我们并不隔膜，反而让我们会心会意之外，还觉得新鲜别致。钱锺书先生说他的诗："用敏捷灵巧的手法，描写了形形色色从没描写过以及很难描写的景象，因此姜夔称赞他说'处处山川怕见君'——怕落在他眼里，给他无微不至的刻画诗里。"（钱锺书《宋诗选注》）

看他写大自然的山："莫言下岭便无难，赚得行人错喜欢。正入万山圈子里，一山放出一山拦。"（《过松源晨炊漆公店》）这字我们都认识，句子我们都懂得，没有一个生僻的字，都是大白话，却将我们行走在万山重叠之中的那种情形和感觉写了出来，以为爬过一座山了，没有想到另一座山在前面又把我们拦住了。多么生动，多么有趣。

看他写乡间小孩放牛："晴明风日雨干时，草满花堤水满溪。童子柳阴眠正着，一牛吃过柳阴西。"（《桑茶坑道中》）写得风趣，惹人发笑。这个放牛的孩子，放的那头牛都已经跑走了，他还在柳树下睡觉呢。在这四句诗里，每一句前后都有联系，层次的关系是递进清晰的。第一句，说的是雨后天晴，才有了第二句的花堤上草长满了，小溪里水涨满的情景。正因为雨过天晴天气凉爽，放牛的孩子，才会在柳阴下睡着，于是，才有了那头牛跑走了。牛跑走干吗去了？去吃草了呀，因为刚下过雨，草长得正多，吃得才正美。看，最后一句，和第一句又衔接上了。让孩子这样来读这首诗，一定兴趣盎然。

看他写山区小景："田塍莫笑细于椽，便是桑园与菜园。岭脚置锥留结屋，尽驱柿栗上山巅。"（《桑茶坑道中》）山区山多地少，寸土寸金，好不容易有那么一块细如椽子的地方，还得是养家糊口的桑园和菜园，只留下那么一小块立锥之地搭建草屋，没有办法，只好把地上原来长的柿子树和栗子树赶到山巅上去了。写了山区景物的特殊，也写了山区生活的艰难。我曾经就这首诗的最后一句问孩子们：为什么把柿子树和栗子树都赶到山巅上去，把它们砍掉盖房子不就得了吗？很显然，他们还要靠柿子树和栗子树养家糊口。细读这些细微之处，让孩子们体会到诗外之意。

看他写春残时节另一种景色："柳子祠前春已残，新晴特地却春寒，疏篱不与花为护，只为蛛丝作网竿。"（《过百家渡四绝句·其三》）篱笆本来是为了让牵牛花之类的小花攀缘的，但是，雨后的蜘蛛出来了，正在篱笆上吐丝织网，本来是这样的一种情景，却让他写得篱笆有了偏心，不管花，只管蜘蛛，让自己成为蜘蛛织网的网竿。写得真的是好，好在哪里呢？好在本来是客观的情景，诗人写成了主观的镜头，让篱笆变成了主角，以它为视角，看待同样雨后冒出来的小花和蜘蛛，将自己的心偏向一边，篱笆好像有了和我们一样的感情和心思。多么有趣！

杨万里还有好多这样风趣的诗句，写的是我们常见却常为我们视而不见的事物和场景，比如："儿童急走追黄蝶，飞入菜花无处寻。"（《宿新市徐公店》）写得多么有趣，孩子追着一只黄蝴蝶，一直追到菜花地里，追不着了。因为菜花是黄色的，蝴蝶也是黄色的，和菜花混在一起了。如果追的不是一只黄蝴蝶，而是一只黑蝴蝶，一只紫蝴蝶，还会有这样别致的情景出现吗？孩子追到菜花地里追不到这只黄蝴蝶时的失落、奇怪、莫名其妙等等表情，诗人并没有写，却都在诗外留给了我们很多想象的空间。

杨万里有很多这样的诗，非常适合孩子来读。他的诗大多是七言绝句，短小精悍，语言又平易好懂，很容易引起孩子共鸣。同时，会让孩子得到这样的启发：面对千姿百态的大自然，面对我们身边熟悉的生活，如何用一种只有孩子才有的天真而自然的眼光看待眼前的一切，和大自然，和身边的生活建立一种天然亲近的关系，我们就会和他一样，也能在司空见惯的风景和平常琐碎的生活中，发现很多有意思的东西，和这些东西进行亲切的交流，让这些东西进入我们的诗和文章。

五、年少不懂辛弃疾

我读初二时，买过一本胡云翼先生选注的《宋词选》。

我很喜欢这本《宋词选》，即使多年过去了，后来我还读过宋词的其他的一些选本，我依然认为这个选本最有特点。特别是胡先生的前言写得很好，很详尽，又深入浅出，有自己的眼光和见识。前言论述宋词发展的脉络清晰，评价得当，每位词家前面的介绍，文字不多，却学问精深，极具史料价值。

少年不识愁滋味，正是不知天高地厚的年龄，可能是青春期的逆反心理作怪，偏偏不喜胡云翼先生在前言里推崇的柳永、周邦彦。胡先生高度评价"北宋词到柳永而一变",又极其赞美说周邦彦是"以高度形式格律化被称为'集大成'的词人"。我不以为然,以为柳永的词有些啰嗦直白,周邦彦的词又太文绉绉,有些雕琢。那时,我就是这样自以为是。我喜欢辛弃疾,喜欢秦观:喜欢辛弃疾的阳刚之气,喜欢秦观的阴柔之美。

古人说:"子瞻(苏轼)词胜乎情,耆卿(柳永)情胜乎词;辞情相称者,唯少游一人而已。"这评价似乎有些过,但秦观的词,那时我确实喜欢。他的《鹊桥仙》和《踏莎行》用精美的意象和朴素的词句传达了人类共同拥有的感情,那时我背得滚瓜烂熟,"金风玉露一相逢,便胜却人间无数。""两情若是长久时,又岂在朝朝暮暮。""雾失楼台,月迷津渡,桃源望断无寻处"……即使到现在依然记忆犹新。

辛弃疾的许多词句令我心怦然而动:"落日楼头,断鸿声里,江南游子,把吴钩看了,栏杆拍遍,无人会,登临意。"(《水龙吟·登建康赏心亭》)"斫去桂婆娑,人道是、清光更多。"(《太常引·建康中秋夜为吕叔潜赋》)"青山遮不住,毕竟东流去。"(《菩萨蛮·书江西造口壁》)"闲愁最苦,休去倚危栏。斜阳正在,烟柳断肠处。"(《摸鱼儿·更能消几番风雨》)"江头未是风波恶,别有人间行路难。"(《鹧鸪天·送人》)"醉里挑灯看剑,梦回吹角连营。八百里分麾下炙,五十弦翻塞外声,沙场秋点兵。"(《破阵子·为陈同甫赋壮词以寄之》)"何处望神州，满眼风光北固楼。千古兴亡多少事？悠悠，不尽长江滚滚流"(《南乡子·登京口北固亭有怀》)……

我喜欢辛弃疾的这些词，心中充满了向往和想象的色彩，和辛弃疾一起登上了建康赏心亭、赣州造口壁、京口北固楼，以及带湖的那轩窗临水、小舟行钓、春可观梅、秋可餐菊的稼轩新居。那种词句和心境合二而一的情景，那些妙不可言的词句，刻在青春的轨迹上，到现在也难以磨灭。

那时，我最喜欢辛弃疾的《八声甘州·故将军饮罢夜归来》一词，这是辛弃疾夜读《李广传》的感慨，其中融有太多辛弃疾自身的心迹和心声。李广抗击匈奴战功卓著，却不仅未被封侯，反倒被罢免职务，被迫自杀。这与辛弃疾抗金大志未遂而落职赋闲在家的境遇一样，这首词便写得感情浓重，苍老沉郁：

> 故将军饮罢夜归来，长亭解雕鞍。恨灞陵醉尉，匆匆未识，桃李无言。射虎山横一骑，裂石响惊弦。落魄封侯事，岁晚田园。
>
> 谁向桑麻杜曲，要短衣匹马，移住南山？看风流慷慨，谈笑过残年。汉开边、功名万里，甚当时、健者也曾闲？纱窗外，斜风细雨，一阵轻寒。

当时也不知看懂没看懂，只清晰记得读罢这首词，令我心里怅然许久的是最后一句"纱窗外，斜风细雨，一阵轻寒"。仿佛那寒冷的斜风细雨也扑打在我的窗前。其实，当时以一个少年的心情触摸老年的心事，自然难免雾中看花。世事沧桑，人生况味，只有到今天方才领悟一点点。领悟到这一点点，但已经很难再有读书时那种风雨扑窗，如身临其境的情景，以及遥想历史追寻词章的梦幻了。

这是没办法的事，人长大的过程中，得到一些东西也必然要失去一些东西，就像狗熊掰棒子，不可能把所有的棒子都抱在怀里。不过，那时候读的宋词，和以后再读的宋词，在心里的作用真是不一样。尽管并未完全读懂，少年读书的滋味和感受，可以影响人的一生。

▶ 推荐阅读

☆ 杜甫《绝句》《江村》　　☆ 陆游《初夏闲步村落间》

☆ 杨万里《闲居初夏午睡起》　☆ 胡云翼《宋词选》

☆ 李白《闻王昌龄左迁龙标遥有此寄》
　《黄鹤楼送孟浩然之广陵》

第二课

我的读书笔记

醋栗的幸福

——契诃夫《醋栗》读后

醋栗,是一种灌木。它有黑色和红色之分,圆圆的,是那种比葡萄珠还要小的果子。黑的很像我在北大荒时见过的黑加仑,红的像那时漫山遍野的山丁子。

在文学作品中专门以醋栗为题的,我只见过契诃夫的短篇小说《醋栗》。这是他一百多年前写的,现在读来,仍然具有难有的现代味儿。所谓现代味,就是说它不像传统小说有一个小猫吃鱼有头有尾的故事,尤其要有一个令人意想不到的结尾,像夜空中蓦然迸放的一朵烟花。《醋栗》没有什么故事,结尾也没有那朵烟花。它讲了一个平淡的人的一件平淡的事,全文用简单的一句话就可以讲完:一个土地主一直攒钱梦想买一个庄园,终于好梦成真。就这么简单,甚至有点儿乏味。契诃夫在这篇小说中不无嘲讽地说，人们其实想听"高雅的人和女人事"，甚至看那个在客厅里走来走去的漂亮的女仆，都要比听这件土地主买庄园的事"美妙得多呢"。

这就是契诃夫的厉害。即使只是看似不轻意的旁敲侧击，也让我们会心，或如一箭穿心，觉得一百年前的人与事，离我们并不远。这就是小说叙事的现代性。在这里，庄园或许大了些，但是，买一套乡间的别墅，或者买一套城里的大房子，该是多少人一辈子的梦想。谁能够想到呢，我们竟然和一百多年前的契诃夫在这同一梦想前重逢。或者说，一百多年前，契诃夫就早早在那里等候我们了，守株待兔般知道我们一定得在那里撞在他的这株树上。

所有持有这同一梦想者，都会经历这样的三部曲，即想象自己住进这样的庄园、别墅或大房子的情景；开始广泛关注报纸上的地产广告；节衣缩食攒钱。契诃夫的小说《醋栗》中的那个土地主，一样奏响了这样的购房三部曲。只是，他更为极端一些，为了凑齐购房款而娶了一位又老又丑但有钱的寡妇，还不让人家吃饱，不到三年就把人饿死了。他的庄园终于买得了，志得意满之余，遗憾的是，庄园没有他早早设想的醋栗。小说的题旨，在这时出现了。这是小说最关键的细节，更是指向光亮的明喻。契诃夫爱用这样的写作手法，比如《樱桃园》《海鸥》《带阁楼的房子》。他愿意让文章篇名中的事物说话，作为艺术的背景，和人物一起完成明暗之间的命运之旅。

试想一下，如果没有这个醋栗，一个买房人志得意满的故事，该如何述说？把那三部曲说得再委婉曲折，不过和我们自己的生活大同小异。有了醋栗，全盘皆活，如同在一桶恹恹欲睡的鱼群中放进一条泥鳅。

为此，故事好讲了；人物活了；小说的主旨跟着深入了。

土地主先是买了二十墩醋栗栽下，日子开始"照土地主的排场过了起来"。原来，醋栗不是一种普普通通的绿植，是他梦想中的排场与贵族身份的重要形式与内容之一，就如同我们必要在我们自己的新房里悬挂一幅印刷品油画一样。当然，可以将醋栗随意置换我们自己的心中所爱。

等醋栗第一次结果，仆人为他端来，土地主"笑起来，默默地瞧了一会儿醋栗，眼泪汪汪，激动得说不出话来，然后他拈起一个果子放进嘴里，露出小孩终于得到心爱玩具后的得意神情，说：'好吃啊！'"

紧接着，夜里，土地主"常常起床，走到那盘醋栗跟前拿果子吃"。如此，醋栗三部曲，方才曲终奏雅。土地主心满意足又激动难抑。

契诃夫的高明之处，不仅在于以醋栗完成对人物性格的塑造

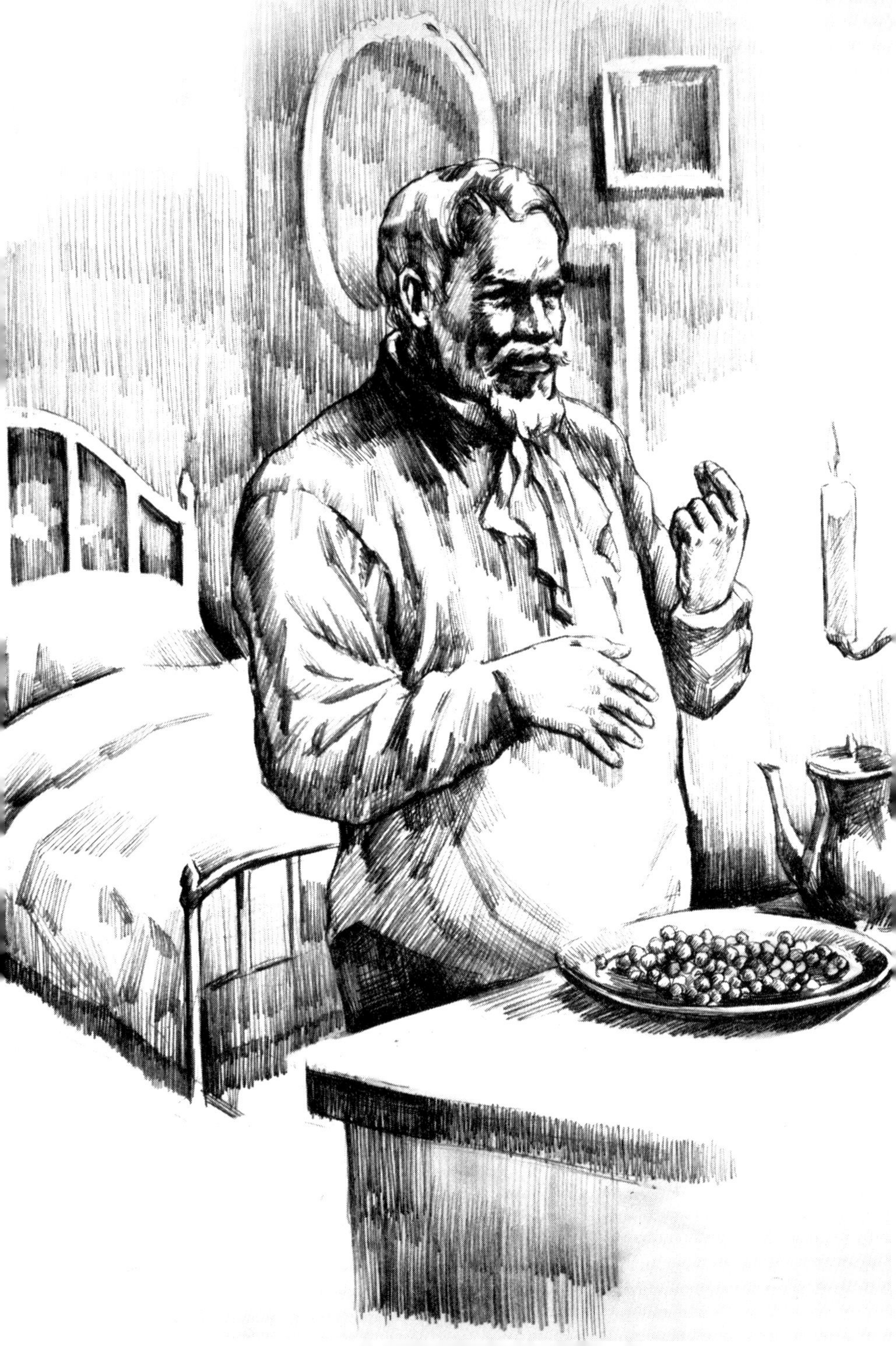

和对人物心情的描摹，更在于他对于幸福的认知与发问。是不是买了一套梦想中的大房豪宅就是幸福？他讲这个土地主买房的故事时，一再说自己的一点忧郁的心情，他亲眼看到这个土地主是如此的幸福，自己"心里却充满近似绝望的沉重感觉"。他甚至感慨："这是一种多么令人压抑的力量。"在这里，醋栗，成为契诃夫诘问和批评这种幸福的代言人。

契诃夫说："如果生活中有意义和目标，那么，这个意义和目标就断然不是我们的幸福，而是比这更合理、更伟大的东西。"这个东西是什么呢？他没说。他只说天下还有不幸的人。但是，很明确，他指出这些以房子为意义和目标的幸福，不是真正的幸福。那只是属于醋栗的幸福。可怜的我们多少人身处这样的幸福圈里呢？在经历了普遍的贫穷和没有房子的痛苦之后，没有比房子更让我们纠结一生的事情了。房子，确实是幸福的一部分，我们容易跌进安乐窝里，以为醋栗的幸福就应该是我们的幸福。

契诃夫在小说里说："那果子又硬又酸。"我没有尝过醋栗，不知道醋栗是不是这样的滋味。

大地上的日历

——读普列什文《林中水滴》

在远离大自然的城市里,我常常读的一本书,就是普列什文的《林中水滴》。这本书能够带来大自然最为纯净而清新的呼吸、律动和情感,让我日益被城市繁华所掩饰下的虚伪乃至尔虞我诈、被钢筋水泥所割裂开冷冰冰的壁垒森严和隔膜的心,能够得到一份滋润而不至于过早地粗糙老化。

普列什文的这本书,他自己称其为描写大地的日历,我说它是描写大自然的诗。它能让我们重新认识那些远离我们的一切,质朴的大地上所发生的那一切是多么动人,多么温馨。离开它们,我们的城市再繁华,日子再富有,我们的心和感情却是贫瘠的,我们会失去许多大自然本该拥有的细腻、温情、善良与爱的呵护、关照和呼应。

每当我读到他为我们描写的那仿佛是从星星上飘下来的初雪，那春天最初的眼泪一般的细雨，那能够让人忆起童年的稠李树散发的香味，那坐在落叶的降落伞上飘落到地下的蜘蛛……都让我很感动。

也许，只有他才能够细致入微地感觉到夹在密匝匝的云杉林中的小白杨有点冷而伸出了树枝，他说："真像我们农村里的人，也常出来坐在墙根土台上，晒太阳取暖。"就连大地上水塘里冒出那最常见不过的水泡，他也无比疼爱地说每一滴都是鼓鼓的、饱满的，是"既像父亲又像母亲的婴儿"。

世上竟有如此诗的语言、童话的眼睛以及不泯的童心，还有如此以一生生命与情感的专注，来描写大地和大自然特别是森林的作家。他的作品呈现给我们的是这样纯洁如初雪一般的语言和感觉。他平心静气，又气定神闲地把大自然的一切如此细腻而传神地告诉我们。他信手拈来，又妙手回春一般将这些气象万千的瞬间捕捉到手，然后定格在大自然的日历上，辉映成意境隽永的诗篇、生命永恒的乐章。

面对春天里的第一朵花，他说："我以为是微风过处，一张老树叶抖动了一下，却原来是第一只蝴蝶飞出来了。我以为是自己眼冒金花，却原来是第一朵花开放了。"

面对春天里流淌的河流，他说，"在一支支春水流过的地方，如今是一条条花河。走在这花草似锦的地方，我感到心旷神怡，我想：'这么看来，浑浊的春水没有白流啊！'"

面对早被伐倒大树只留下空荡荡的树墩，他说："森林里是从来也不空的，如果觉得空，那是自己错了。森林里一些老朽的巨大树墩，它们周围原是一片宁静……高高的蕨草像宾客似的云集四周，不知从哪儿喧响的风儿，间或百般温柔地向它们轻轻吹拂，于是老树墩客厅里的一根蕨草就俯身向另一根蕨草，悄悄地说什么话，那一根蕨草又向第三根草说话，以至所有的客人都交头接耳了起来。"

在雪后静谧的森林里，看到带雪的树木姿态万千，神情飞动，却默默地立在那里，他忍不住问："你们为什么互不说话，难道见我怕羞吗？雪花落下来了，才仿佛听见簌簌声，似乎那奇异的身影在喁喁私语。"

……

谁能够做到这样？这样对待大地上一朵普通的花、一条普通的河、一片普通的森林，乃至一棵闲置在一旁老朽的树墩？我们会吗？我们会捕捉到春天里第一朵花开时瞬间的感觉吗？会涌出春水荡漾的小河是一条花河的想象吗？会听得到老树墩客厅里蕨草在交头接耳的童话吗？会停下为名缰利锁而奔波的匆匆脚步，静下心来，去和落满雪花的大树悄悄地攀谈吗？

我们远离大地和大自然，身陷城市的钢筋水泥的丛林之中。我们的眼睛逐渐变得色盲一般只认识了钱票子的面值大小；我们的味蕾逐渐变得只会品尝生猛海鲜和麻辣烫；我们的嗅觉逐渐变得只闻得到香水、烤肉、新出炉的面包，和新装修的房间里带着氡和甲醛的味道。

普列什文曾经说："世界是美丽非凡的，因为它和我们内心世界相呼应。"普列什文在这本书中拉近了我们和这个美丽非凡世界的距离，帮我们找到了内心世界与这个世界相呼应的方法，那就是珍爱大自然，怀有一颗真挚的赤子之心，不失去美的瞬间，去把握住永恒的爱与敏感。土地会让我们的脚跟结实，河流会让我们的心净化，树木会让我们的呼吸清新，天空会让我们的眼睛望得远一些。

于·列那尔和他的《胡萝卜须》

我喜欢于·列那尔，最初源于他曾经这样写过一棵普通的树，他把树枝树叶和树根称为一家人，他说："他们那些修长的枝柯相互抚摸，像盲人一样，以确信大家都在。"就是这一句，让我感动并难忘。我当即买下他的《胡萝卜须》，读下来，真的很不错。

我以为这本《胡萝卜须》，应该和普列什文的《林中水滴》合在一起读，最合适。相比较而言，《胡萝卜须》里，虽然也写了森林中的树木，但大多写的是林子里的小动物。《林中水滴》里，虽然也写了森林中的小动物，但更多写的则是森林里的花草树木。所以，合在一起读，既可以互补，又可以对比，将大自然中动物和植物这两大方面都囊括在内了。

此外，我曾经还有一个建议，读这两本书的同时，最好能够带着孩子去动物园和植物园,让孩子以这两本书的描写为基础,再来看动物园和植物园,感觉和感受,肯定不一样,即使写作文,也会写得不一样。我曾经对不少家长和老师们说过这一想法,但我发现很多家长和老师们都想走捷径,他们认为带孩子进课外各种辅导班,胜于动物园和植物园。而其实,实践才是更好的课堂呢。

于·列那尔在《胡萝卜须》里写的那些小动物,实在是太可爱了。

他描写喜鹊:"老穿着那件燕尾服,真叫人吃不消,这真是我们最有法国气派的禽类。"笔下含有幽默,不是嘲讽,而是揶揄,甚至有点儿另类的夸赞。

他写孔雀:"肯定今天要结婚。"是的,任何一个孩子都会从这样的文字中联想,要不孔雀为什么有五彩撒金那么漂亮的尾巴?而且,它还要开屏呢!

他写蝴蝶:"这一张对折的情书小笺,正寻觅着花的住处。"写得真是别致,情书还要对折,亏了作者想得出来。

他写一群蚂蚁走在同一条道上,"好像一串黑色的珍珠链子"。以珍珠链子为弱小无比的蚂蚁发出礼赞,最能够获得孩子的信赖了。把同情心给予了比小孩子还要弱小的蚂蚁身上,正是这本书最大的特点,也吻合了孩子的心理特点。于·列那尔有这样的本事，让我们热爱这些小动物，把天平向同情心一边倾斜。

他写天鹅："在池塘里滑行，像一只白色的雪橇。"这样清新的比喻，完全可以为孩子们的造句练习提供范例。而且，我相信，孩子可以照葫芦画瓢，造出："燕子在空中滑行，像一只漂亮的风筝。"或者，"狐狸在雪地里滑行，像一道红色的闪电。"再或者，"蓝鲸在大海里滑行，像一艘巨大的海轮。"我想，大概只有孩子的想象力，可以和于·列那尔有一拼。

他写萤火虫："有什么事情呢？晚上九点钟了，他屋里还点着灯。"写得多么亲切呀，任何一个孩子看了这句话，都会会心地一笑。萤火虫点灯，也许谁都能够想出来，但"有什么事情呢？"关心地多问一句，也许，并不是所有的人都能够想得到的了。如果我们由此从于·列那尔那里受到点儿启发，从而多问自己一句为什么，也许，我们的想象力会变得更丰富一些。

他写驴，很短："耳朵太长了。"

他写蛇，更短，只有三个字："太长了。"

这是印象里最深的两段描写了。虽然是二十多年前看的书，但至今难忘，每逢想起，都忍不住想乐。同样是太长了，为什么我会觉得写得好，并没有感到重复呢？他写蛇的时候，为什么不和写驴一样也写"身子太长了"呢？可以设想，写驴，如果只写"太长了"，人们会说驴哪儿太长了呀？写蛇，如果写成"身子太长了",则显得多余,难道蛇的身上还有别的地方是太长了吗?我曾经以这两段例子,对孩子们说起,请他们自己比较,他们都会哈哈大笑不止,一下子明白了,语言的微妙之处,正在这里。

于·列那尔还这样描写一只普通的燕子,他先是说:她们"飞得太快了,花园里的水塘都无法临摹她们掠过时的影子"。然后,他把她们看作和自己一样写文章的人:"如果你懂得希腊和拉丁文,而我,我认识烟囱上的燕子在空中写出来的希伯来文。"他以平等的视角和姿态,视燕子与人一样,又将燕子写得比有些人还要可爱。确实,我们不比一棵树和一只燕子高贵和高明,甚至有时还不如。我想,也许正是有这样一点的平等和尊重,于·列那尔笔下的那些小动物才会那样的可爱,那样赢得人们的喜欢。

有时候,我会想象于·列那尔独自一人在森林里徜徉,默默地注视着那些小动物,以一个孩子的心态和心情,和它们说着悄悄话。这该是一种什么样的生活状态呢?这种生活状态下的作家的笔,和在物欲横流灯红酒绿疲于奔命的生活状态下的作家的笔,能够一样吗?

走近乔伊斯

——读《都柏林人》

詹姆斯·乔伊斯的作品,似乎总离我们很遥远,《尤利西斯》更像是一条宽阔的河流,让人难以跨越。我以为要渡过这条河,并不是没有法子,但需要先找到一座桥或一条船。在我看来,他的早期作品集《都柏林人》,就是这样一座桥、一条船。

这部《都柏林人》,我们可以把它当作小说读,也可以把它当作散文读。书中带有亲历性的回忆和怀想,对感情、心理细致入微的描摹,会让我们觉得乔伊斯的作品其实并不像评论界说的那么唬人,那么艰涩难懂,拒人于千里之外,而是那样亲切,就像诉说他自己,也像诉说我们自己或我们身旁其他熟悉的人的事情一样,离我们是那样的近。我们会觉得越是大师,其实越是平易近人的。

《都柏林人》这部集子一共由十五个短篇组成,不敢说字字珠玑,却可说是篇篇精粹。留给我印象最深的是《偶遇》和《阿拉比》两篇,读它们时的感觉真是妙不可言。《偶遇》中那两个好不容易各攒了六个便士的小男孩,逃学过河跑到远远的郊外的田野上,偶然遇到一个衣衫褴褛性格怪异的老头儿,老头儿和他们谈诗、谈姑娘、谈公立学校凶恶的鞭子……谈得他们最后对这个怪老头儿充满恐惧,吓得落荒而逃。小男孩对单调学校生活的厌恶,对外界未知生活的好奇,突然出现的老头儿对童年的追忆,"我"与老头儿的较量……这些被乔伊斯平静自然而不露声色地叙述得那样熨帖,让我们不由联想起自己遥远的童年。

《阿拉比》写一个小男孩对一个姑娘悄悄的爱,写得惟妙惟肖。那从未去过的一个叫作阿拉比的集市,只不过因姑娘一次偶然提起而成为姑娘和小男孩共同的向往,也成为小说一个诗意的象征。最后小男孩好不容易在夜晚赶到了阿拉比,已经打烊的阿拉比却只给他留下一阵怅惘乃至恼怒,如此的突兀,戛然而止,将一个小男孩情窦初开的心理写得极其出色。

两篇作品,都写的是美好的向往在瞬间的破碎,一个是意外出现的老头儿,一个是阿拉比的意象。乔伊斯让我们看到他的人生的足迹,他的情感的心电图,也让我们看到小说原来是可以这样来写的,小说创作原来是有着这样宽广多样性的可能。乔伊斯就是这样从《都柏林人》走到《尤利西斯》的。

据说,《都柏林人》当初投寄给 20 多家出版社,都惨遭退稿,最后一家出版社好不容易同意出版了,又整整压了 8 个月。但沙子是埋不住金子的,《都柏林人》如今已经光芒四射。我曾经在 1984 年买了一本上海译文出版社当年出版的《都柏林人》,这是初版本,当时只要 8 角 4 分钱。几十年过去,现在还会有这样便宜的"乔伊斯"吗?

重读田涛《在外祖父家里》

读高一那一年,在我们汇文中学的图书馆里,我偶然发现了一本短篇小说集《在外祖父家里》。那时候,应该感谢学校图书馆破例允许我进去自己挑书。在密密麻麻的书架上,为什么能与这本薄薄的小书邂逅,我真的解释不清,完全是一种阴差阳错,或者说是一种冥冥之中的缘分。

在此之前,我根本不知道有这样一本书,也不知道作者是何人,我没有读过他的任何一篇作品。但是,这本书留给我很深的印象。现在想起来,大概原因有这样两点:第一,他是以童年视角写作的小说,书中的那个叙述者小男孩,比我当时的年龄还要小,容易引起我的共鸣;第二,他以第一人称"我"的回忆口吻,叙述河北农村的往事,和我在童年时跟随父亲一起曾经回到过的老家河北沧县乡间的生活,有着某种天然的联系,特别是他的好多方言，比如称舅母为妗子，那么亲切，书中的大妗子、二妗子，家长里短，至今仍让我记忆犹新。那时候，我们学校有一个老师和同学办的板报《百花》，刊发老师和学生写的文学作品，我在上面写了一组《童年往事》，就是模仿《在外祖父家里》，回忆并想象着河北乡间关于我的外祖父、大妗子、二妗子，以及童年小伙伴的往事。

于是，我记住了这本书的作者田涛。

五十多年过去了。这次来到美国小住，忽然想起了田涛的这本《在外祖父家里》。重读旧书，仿佛重遇阔别多年的故人，有些喜悦，有些陌生。流年暗换之后，在那些发黄的沧桑纸页之间，是否真能够似曾相识燕归来？

我迫不及待从头到尾读了一遍，田涛童年的记忆，交错着我的少年记忆，纷至沓来。河北平原乡间的人物与风情，至今读来依然感到亲切。从刚开始外祖母病重时气得胡子哆嗦敢拿菜刀和地主拼命、后来软弱成了一摊稀泥的外祖父，爱赌又顺从的大舅父，驯服蒙古烈马的好车把式二舅父，刚烈而离家出走的三舅父，持家心疼丈夫怪恨外祖父的大妗子，爱哭爱笑真性情的二妗子，还有"我"的小伙伴王五月和他直脾气敢扇老师耳光的奶奶，三舅父的好伙伴兴旺，和三舅父爱着的年轻漂亮的李寡妇，以及和"我"年纪差不多却心思并不一样的大妗子的女儿青梅……一个个依然活灵活现在眼前,重新唤回我少年时候的记忆,让我不禁感慨小说中人物的生命力。或许,这就是文学的魅力。

尽管小说无法摆脱当时阶级斗争二元对立的影子,但是,大多时候,是把这一斗争放在背景中来处理,以一个孩子的视角来看这些春秋冷暖、人情世故,以及乡间的民俗风物。人物便有了鲜活的血肉,有了孩子气的爱恨情仇,性情迥异,带着河北平原朴素稚拙的乡土气息。如果和当时同样写作农村题材小说的李准相比较,差别是极其明显的。李准是紧跟时代的步伐向前走的,田涛则是回过头来向后走的,回溯到童年,钩沉自己的回忆。李准的人物,努力并刻意捕捉着时代的影子;田涛的人物,则融有自己与生俱来的乡间情感。一个向外走,如蜻蜓紧贴着水面在飞,飞向外部广阔的世界;一个向内转,如蚯蚓钻进泥土,钻进一己窄小的天地。在文学创作中,所抒写对象的大与小,天地的宽和窄,与文学本身应尽的意义并非成正比。小说自身的特质,有时候恰恰在于小说中的小。这正是在1956年和1957年的文学创作中,田涛的创作的价值所在。

这本小说集,所有篇章都集中在河北平原一个叫"十里铺"的小小的村子。应该说,这样一点,更是具有当时文学创作少有的一种创新价值。当时,并没有福克纳所说的抒写自己所熟悉的"一张邮票大的地方"的文学概念。在五四的文学传统中,也只有萧红集中写自己家乡的《呼兰河传》和师陀的《果园城记》等为数不多的篇章。田涛将小说集中在自己的家乡的一个村落，各篇独立成章，又相互勾连，彼此渗透，漫漶一体，不仅人物彼此血脉相连，风土风物、民俗人情也枝叶缠绵，铺铺展展，蔚然成阵，富于勃勃生命，构建成一方虽小却独属于自己的小说世界。

外祖父的梨树林，兴旺爹的瓜园，村子里那口甜水井，那座破庙改造的小学校，大人们榨油的油作坊和做棺材套的木场子，孩子们抽鸽子的柏树坟、捉鱼的苇塘壕沟和拾落风柴打孙军（一种游戏）的旷野……这些场景，散漫却集中在同一个村落，如同多幕剧的一个舞台，变幻着不同装置的场景，演绎着一组相同人物的悲欢离合。

能吃到肉丸子的娶媳妇时候才有的伏席，以及"我"的那件只是在第一天来外祖父家、上学和吃伏席才穿过三次的蓝大叶子（长衫），还有过年时挂在门口麻绳上的年灯，和结起一层薄冰的村头街口碎了一地的炮仗红纸，农家桌上那盏冒着蜻蜓头似的黑芯的小油灯，田野里开着碗形白花的胡萝卜和开着蝴蝶形蓝花的马兰草……——如风扑面，似水清心，不仅成为小说存活重要的背景和氛围，人物生长细致入微的细节与生命，也成了小说另外的一个个主角，让这一场多幕剧有了浓郁的生活气息和艺术氛围，带有贫穷生活和孩子内心的些微伤感交织而成的抒情性，玲珑剔透，多彩多姿，撩人心绪。

重读田涛这本小说集，让我想起日后莫言所写的高密家乡小说系列，和苏童早期小说中的香椿树街。五十多年前，田涛就这样写过，将人物与背景毕其功于一役，集中在一处的方寸天地之间，今天看来，也许算不得什么新奇，但在当时，却具有某些现代的小说意识与姿态。

当然，今天重读田涛，更加吸引我并能唤回我学生时代记忆的，是他以一个孩子的心理书写的笔法和笔调。这便不只是回忆，回忆中更多的是感情，而这样笔法与笔调的书写，除了感情，更是生命的投入和再现。无论"我"，还是小说中其他人物，便都不是那种老照片中的人物。所以，他才可以写得那样逼真，总会在情不自禁中跳出当时阶级斗争的模式而进入人心深处，特别是进入难得的童年淳朴而丰富的世界。

他写每年七月十五给外祖母上坟，母亲都要嘱咐"我"在外祖母的坟头上哭，要不外祖父就不给梨吃。"我"就跟着大人哭。离开坟地，看见母亲的眼睛都哭红了，也不敢开口要梨吃了。这样微妙的心理，是独属于孩子的。不是那种外祖母被地主逼死而怀有一腔愤恨痛哭的那种外在的描写。

他写"我"帮助王五月砸开脖子上的银锁，丢进水坑里，那是奶奶为让孙子能够好好长大的救命锁，奶奶大骂孙子，不许他以后再和"我"一起玩,自己每天都到水坑里用大竹竿子去捞银锁。王五月趁奶奶不注意,跑到我一直躲藏的大树后面,找我一起玩,捉一只蚂蚁,放在树枝上,看它"爬上爬下,像小人迷了路,怎么也找不到回窝的路了"。少年不识愁滋味,完全是一种吃凉不管酸的孩子心态,更反衬出奶奶的心酸。

高粱秀穗时到高粱地擗叶子,"那亭亭直立的高粱秆,滑擦过我赤裸的肩膀,高粱顶端被震下的细水点子溅在我的脖颈上,凉渗渗的,旁边豆地里有蝈蝈在叫,远远近近的庄稼地里,都有虫子叫。我的鼻子不仅喜欢嗅高粱地里清凉气息,我的耳朵也被旷野里传来的虫子的叫声吸引住了。""小风一吹,杜梨树上的针(即蝉)便叫起来,小小的叶子,打着枝子,唱着歌,熟透的杜梨,珠子一样落在地上。"真的写得很美,是艰辛生活中只有孩子才有的和田野相亲相近的透明的心情。

为吃伏席,"我盼着树叶儿发黄,盼着树叶儿落,盼着那料峭的西北风快些吹来。好把这大地上的一切青色变黄,一切小虫子冻死,让那些小壕坑儿里地上的水结起带有花纹的冰片。到那时,兴旺就会坐着篷篷儿车把新娘子的花轿接过来,我们就可以伏八碟八碗的酒席了。兴旺把新娘子娶过门后,他也会带着新妗子陪我们往旷野里去拾落风柴的。想着兴旺的美事,自己仿佛都着急。"如果没有这样孩子气的描写,小说该减了多少成色。

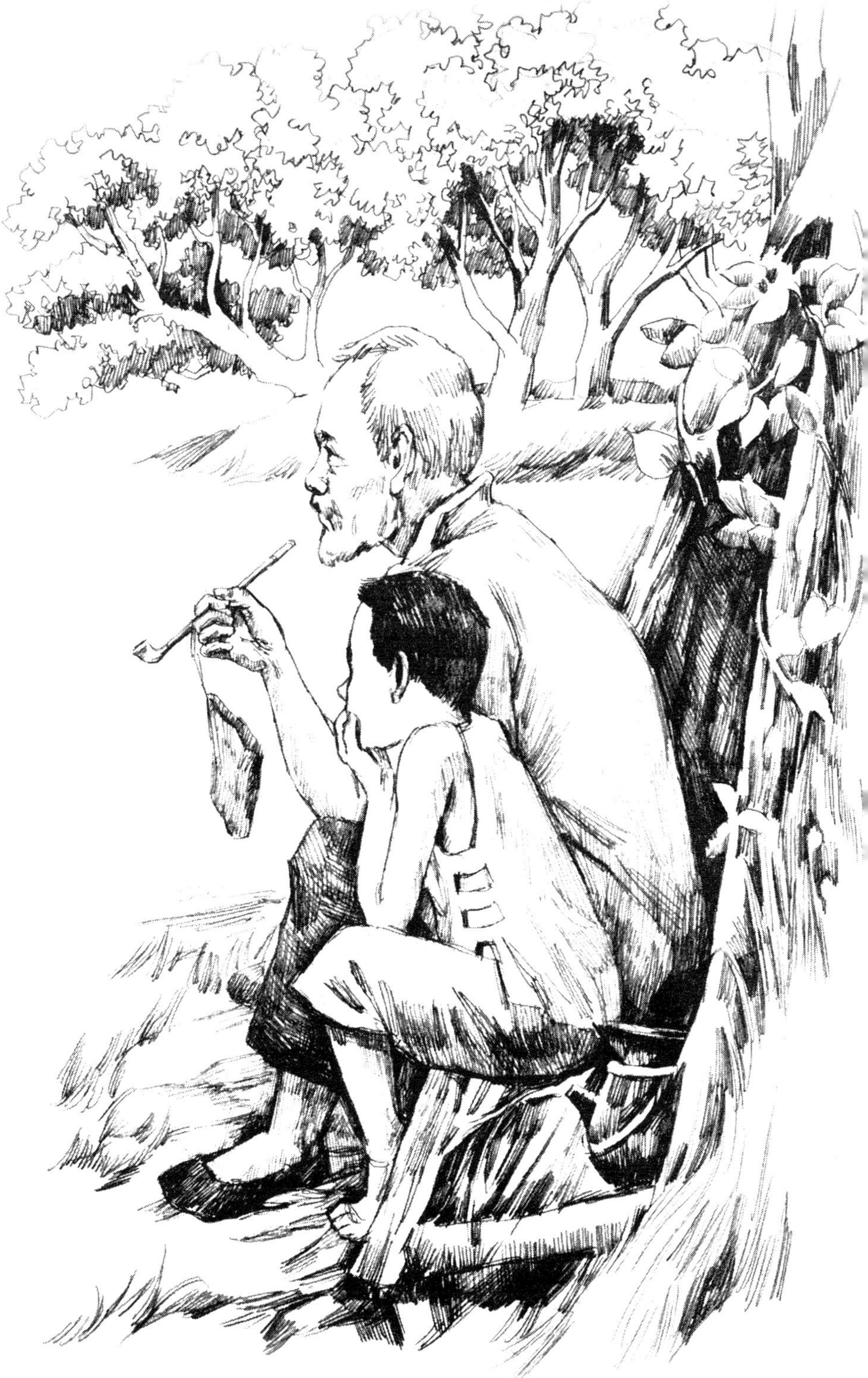

即便写老一辈人艰辛的日子,这样孩子视角细若海葵的笔触和情如微风的笔调,也让大人的世界变得那样令人在心酸之中有了难得的温情。大舅父被外祖父赶出家门去谋生,外祖父复杂的心情,在孩子的眼里是这样的一种描写:"大舅父走后,外祖父的性格更显得冷漠。妗子们不愿同他多谈话,他也不同家里的人谈什么。每天除了走进梨树林,一棵梨树一棵梨树地数着上面的梨儿,便坐在大柏树间的窝棚里吸旱烟。有时候,他叫我陪他一同坐在柏树杈间的窝棚上,伴着他的寂寞。"外祖父后悔自己把捉来的鱼交给地主家后的心情,在孩子眼中是这样的描写:"外祖父坐在旁边,低着头,一句话不说,只是擦萝卜片儿,擦完一个萝卜,又从旁边捡起一个来,一直把他身边的一堆萝卜擦完了,头都总不抬起来。"他写得真好,把一个万千心事都埋在心底的孤苦老人的心情,写得那样含蓄不露,蕴藉有致。那些数不清的梨树上的梨儿,那些抽不完的旱烟,那些擦不完的萝卜片儿,都是外祖父的心情,也是"我"对外祖父的感情。

这样以孩子视角与心理铺陈的小说叙事策略,让我想起和田涛同时代的作家刘真的《长长的流水》,和国外的作家如乔伊斯的小说集《都柏林人》。这不仅在当时属于凤毛麟角,就是如今也与那些热衷描写孩子热闹外部世界的小说拉开了距离。一本小说集,经历了五十多年的光景,还能让人看下去,不仅能看,而且耐看，实属不容易。并不是每个作家都能这样的。我边看边做笔记，竟然抄录了那么多，就像五十二年前上中学时做笔记一样。可惜，那些读书笔记都已经不在了。但是，记忆还在，而且那样深刻、温馨，清晰如昨。

重读史铁生

对史铁生最好的怀念,莫过于认真地重读他的作品。好的文字,从来都是能够保持长久不灭的感情和生命的温度的,其魅力便也在于此。这一次,再读史铁生作品的时候,我边读边想,再没有一位作家赶得上他这样是在用感情、用心灵、用生命写作的了。

在《我与地坛》的开篇中,他先是这样写了一段地坛的景物:"四百多年里,它一面剥蚀了古殿檐头浮夸的琉璃,淡褪了门壁上炫耀的朱红,坍圮了一段段高墙又散落了玉砌雕栏,祭坛四周的老柏树愈见苍幽,到处的野草荒藤也都茂盛得自在坦荡。"然后,他紧接着说:"这时候想必是我该来了。"每一次读到这里,我都格外心动。总觉得像电影一样,在地坛颓败而静谧的空镜头之后,他摇着轮椅出场了。或者,恰如定音鼓响彻在寂静的地坛古园里一样，将悠扬的回音荡漾在我的心里，注定了他与地坛命中契合难舍的关系。当代作家中，哪一位有如此一个和自己撕心裂肺打断了骨头连着筋的特定场景，从而使得一个普通的场景具有了文学和人生超拔的意义，而成为了一个独特的意象。就像陆放翁的沈园，就像鲁迅的百草园，就像约翰·列侬的草莓园，就像凡·高的阿尔。

在史铁生的作品里，母亲是一个最动人和感人的形象。母亲49岁的时候过早地离开了人世后，在《我与地坛》中，有这样两段描写：

> 摇着轮椅在园中慢慢走，又是雾罩的清晨，又是骄阳高照的白昼，我只想着一件事：母亲已经不在了。在老柏树旁停下，在草地上在颓墙边停下，又是处处虫鸣的午后，又是鸟儿归巢的傍晚，我心里只默念着一句话：可是母亲已经不在了。把椅背放倒，躺下，似睡非睡挨到日没，坐起来，心神恍惚，呆呆地直坐到古祭坛上落满黑暗然后再渐渐浮起月光，心里才有点儿明白：母亲已经不能再来这园中找我了。

> 有一年，10月的风又翻动起安详的落叶，我在园中读书，听见两个散步的老人说："没想到这园子有这么大。"我

放下书，想，这么大一座园子，要在其中找到他的儿子，母亲走过了多少焦灼的路。多年来我头一次意识到，这园中不单是处处有过我的车辙，有过我车辙的地方也都有过母亲的脚印。

后一段，体现了史铁生的心地的敏感，从两个散步的老人一句简单而普通的话语里，涌出对母亲由衷的感恩和悔恨之情。敏感的前提，是善感。也就是说，是海绵才有可能吸附水分，水泥板花岗岩，哪怕是再华丽的水磨石砖，也是无法吸附水分的，而只能让哪怕再晶莹剔透的水珠凭空流逝。缺乏这样善感的心地与真情，使得不少写作成为搭积木和变魔术的技术活儿，或者化装舞会上和摆满座签的领奖席上花红柳绿的热闹。

前一段，排比句式的景物中几次慨叹："可是母亲已经不在了。"都会让我心沉重。在这样的重复的喟然长叹中，那些景物：老柏树、草地的颓墙、虫鸣的午后、鸟儿归巢的傍晚以及古祭坛上的黑暗与月光，才一一都有了意义，这意义便是这一切附着上母亲的身影。因此，可以说，地坛是史铁生的，也是母亲的，因有这样的一位母亲而让地坛具有带有伤感无奈却又坚韧伟大的别样情怀。

每次读到这里，我都会忍不住想起铁生在他的《记忆与印象》

中的《一个人形空白》里的一段：

> 母亲的愿望其实很多。我双腿瘫痪后悄悄地学写作，母亲知道了，跟我说，她年轻时的理想也是写作。这样说时，我见她脸上的笑与姥姥当年的一模一样，也是那样惭愧地张望四周，看窗上的夕阳，看院中的老海棠树。但老海棠树已经枯死，枝干上爬满豆蔓，开着单薄的豆花。

如今，重读这一段，我想起史铁生，也想起他的母亲。窗上的夕阳，枯死的老海棠树，老海棠树枝干上爬满的豆蔓，开着的单薄的豆花，便一下子都成为母亲那一刻百感交集又无法诉说的心情与感情的对应物，好像它们就是为了衬托母亲的心情与感情，故意立在院子里，帮助史铁生点石成金。这是怎样的一位母亲呀，可以这样说，是母亲与生俱来的气质与情怀，造就了作家的史铁生。我坚定地认为，没有母亲，便没有史铁生的地坛。

由生活具象而思考为带有哲理性的抽象，是史铁生作品的魅力。他便从一己的命运扩大为更为轩豁的世界，而使得他的作品融有思想的含量，不像我们的一样轻飘飘、甜腻腻，或皮相的花里胡哨。他爱说人间戏剧，而不是像我们那样自恋得只会舔自己的尾巴、弄自己的发型。

在《想念地坛》这篇文章里，史铁生想念地坛里的那些老柏树，他从它们"历无数春秋寒暑依旧镇定自若，不为流光掠影所迷"中，将其品质出人意料地抽象为"柔弱"。他进而说："柔弱是爱者的独信。""柔弱，是信者仰慕神恩的心情，静聆神命的姿态。"他说："倘若那老柏树无风自摇岂不可怕？要是野草长得比树还高，八成是发生了核泄漏——听说切尔诺贝利附近有这现象。"

由老柏树的"柔弱"，他写到世风的喧嚣，他说："唯柔弱是爱愿的识别，正如放弃是喧嚣的解剂。"之所以由"柔弱"写到"喧嚣"，还是要写地坛，因为地坛曾经可以是销蚀喧嚣回归宁静的一块宝地，"我说的是当年的地坛。"他特意补充道。

于是，他由"柔弱"到"喧嚣"，又回到"安静"。"回望地坛，回望它的安静。"而如今的"安静"只能回望了，正如地坛只可以想念一样了。因为如今的地坛和我们一起已经卷入喧嚣的漩涡。

可以看出，人生的悖论，世风的无奈，以柔弱对抗喧嚣，以想念回归安静，这是一种怎样的哲思！对于写作，他比我们纯粹；对于生活，他比我们单纯；对于世界，他比我们深入。无论什么样的现实，无论什么样的命运，他利钝不计，操守不易，明不规暗，直不辅曲，一直以这样的心智，和我们，和这个世界对话。

在《想念地坛》最后，史铁生写道：

> 靠想念去迈过它，只要一迈过它便有清纯之气扑面而来。我已不在地坛，地坛在我。"

这两句话，特别是最后一句"我已不在地坛，地坛在我"。如一只沉稳的铁锚，将地坛如一艘古船一样牢牢地停泊在新时期文学的岸边，和不止一代读者的心里。

忽于水底见青天

——读韩羽有感

己亥春节前夕，得友人赠送一套六卷《韩羽集》。一卷为画，五卷为文。正好春节期间揽读，从初一读到初八，犹如看一出连台本大戏，目之成色，心之为舞。其中五卷文集，尤喜欢卷一《陈酒新茶》和卷四《画里乾坤》。韩羽先生向来以画名，其文章严重被画所遮蔽，尽管其杂文集曾获鲁迅文学奖，却远未引起足够的重视。

韩羽先生的画从陈老莲一脉，文字有明显明清笔记风。但是对比这一脉大家早如周作人晚如黄裳，韩羽先生则更多他们所缺少的民间味、现实感和现代性。我说韩羽先生的文章有民间味，是因为他的文章所引用的不仅有传统典籍，更多来自民间的戏曲，这是他从小就熟悉的，不仅融入记忆更融入生命，便在笔下信手拈来，如水流一般，与笔记和史籍所引材料，与现实种种情境，横竖相通，时时溅起清冽的浪花，湿人一身，或会心，或狼狈，或欲羞难掩，或欲逃难逃，其现代性正跃动于这样别致的叙述之中，拔出萝卜带出泥，活生生地将现实勾连起来。熔古铸今的写法常见，但"二月春风似剪刀"处处剪裁戏曲融入文字之中的写法，是别人所少有的。韩羽先生曾引用一句宋诗："闲上山来看野水，忽于水底见青山"，正是我读他文字的想法，对比当今流行的文章，其别具一格的作法，有点儿野路子，却能让人们有一种"忽于水底见青山"的意外惊奇和惊喜的感觉，颇值得玩味和学习。

将我这些天学习的收获整理如下。试将韩羽先生这种近乎野路子的文章作法，做一个简要的解析。

一、黏附法。《〈连升店〉有感》，《连升店》是一出戏，讲曾经被店家嘲弄过的穷书生中举后，店家立刻转换面孔称书生为爹。韩羽先生立马想到《儒林外史》里的牛浦郎，想到谎称得齐白石真传的画像馆主，落笔到如今借名家为托儿的"师生画展"，最后道："庶几近乎'连升店'之真传。"在这篇文章中，韩羽先生称"连升店"的店家做法为"黏附法"；如此将连升店主迅速链接到《儒林外史》到画像馆到师生展，正也是这种文章之作的"黏附法"。

《鲁一变，至于道》，用的也这样的黏附法。从50岁齐白石画的《菖蒲蟾蜍》中被绳子缚腿的蟾蜍，到91岁齐白石画的另一幅画中青蛙被水草缠腿，同样缠腿，前是人为，后是自然，韩羽先生道此乃神来之笔，认为前者童趣，后者天趣，继而深一步探求齐白石衰年变法的变与法究竟在哪里。两幅画的黏附，引出画界值得思考的大话题，正所谓小品不小。

二、对台戏法。《小丑之丑》一文，韩羽先生让《法门寺》对唱《捉放曹》。《法门寺》里，刘公道把人头扔进井里时，正巧被宋兴旺看见，他便一镢头把宋兴旺也打进井里。《捉放曹》里，曹操误杀吕姓一家，接着又杀掉吕伯奢。两出对台戏，韩羽先生最后唱给世人的是："猫拉了屎，用爪子拨土盖上，俗称'猫盖屎'；人，却往往是屎盖屎。"让人忍俊不禁，又点头称是。

《杨宗保》一文，让《辕门斩子》对唱《破洪州》。两出戏，要斩头的都是倒霉的杨宗保。前者是其父要斩他，媳妇穆桂英救了他；后者是他媳妇要斩他，父亲救了他。盖因要斩他的人时在任上，解救他的人时在任下，其中的法令与人情悖论，道出人性的复杂。最后，韩羽先生唱给我们听："戏剧家假如将这两出戏编成一出戏，一定很逗乐子。"又岂止是逗乐子。

《"挥泪执法"戏解》一文，让《失空斩》对唱《华容道》。这是两出都有诸葛亮出场的三国戏，前者诸葛亮挥泪斩马谡，后者诸葛亮没有斩比马谡失街亭更为严重的放走曹操的关羽,只因为,马谡是一介将弁,而关羽是皇叔他二弟。韩羽先生最后唱给我们的是:"诸葛亮在唱《失空斩》时,大概也想起《华容道》来,在'挥泪'中是否也有某种程度惭愧成分?"

在对台戏演出过后,韩羽先生最后唱给我们的画外音,有几分《史记》里的"太史公曰"的遗韵。

三、老戏新唱法。《为李鬼谋》,是借老戏《李逵下山》说事,认为李鬼见李逵来而逃跑是下策,为其出中策是找李逵题字,进而可以拉大旗作虎皮;上策是找李逵的上级宋江套关系,跑官买官,没准能当上李逵的领导呢。如此老戏新唱,想别人所未想,蓦地蹦出现实种种,翻出新意,可是比陈酒新茶有味道得多了。

《戏写〈三岔口〉》,让内斗的双方激战一场均未伤及的老戏码,改为砍掉了其中一人的头颅。这个反转有点儿大。"果真如此,这牺牲不是太无谓了吗?"同样翻出的新意,和现实相关,和民族性格相关。三岔口,便不再是戏台上的三岔口了。

同样,《郑妥娘传奇》,让《桃花扇》中丑郑妥娘,同新编的美郑妥娘同台;《同是天涯沦落人》,让《女起解》里的苏三,和《复活》里的玛斯洛娃同台,都是这样的老戏新唱。听唱新翻《杨柳枝》,老戏便有了介入现实的渗透力和蔓延力,在老戏和现实奇异的双峰夹峙中,文章逶迤如一道清澈别致的细流,为有源头活水来，有了耐人咀嚼的新味道。

四、糖葫芦串法。这是韩羽先生最为惯常用的一种方法。《题扇》，从《桃花扇》到王延扇枕，到《红楼梦》石呆子与扇生死与共、晴雯撕扇。《说偷》，从《孔乙己》到《镜花缘》里黑齿国国民，到《水浒》里时迁，到匡衡凿壁偷光，再到程颢诗和《随园诗话》，最后到《长生殿》。《相对蒲团睡味长》，从题目中放翁这句诗起，到诸葛亮昼寝，刘关张三顾茅庐，到张浚睡瘾，到香山睡佛，到杜牧和王安石的诗与文，到"就枕方欣骨节和""手倦抛书午梦长"之书生之睡，到"此中与世暂相忘""不觅仙方觅睡方"之闲适之睡，到黄粱梦、南柯梦，"我今落魄邯郸道，要替先生借枕头"……道尽了睡之世相百态与心态千般。几篇文章，都如一道快板流水，唱得畅快，唱得一气呵成，唱得人心里五味杂陈。

写得最让我叹为观止的是《"背"上着笔》。从诗"揽镜偏看背后山"和"美人背依玉阑干"的背写起，一下子蹦到戏《活捉三郎》里已经被宋江杀而成鬼的阎婆惜，上场来时朝着观众的背；再一蹦，蹦到了朱自清的文章《背影》；又蹦到珂罗惠支的版画，正在哺乳的母亲的后背；最后蹦到齐白石的画作，牛的后背（牛屁股），尾巴梢儿在轻轻愉快地拂动，"画中的田园诗意，其起于牛尾巴之梢乎？"在这篇文章中，韩羽先生写道："区区一后背，使人笑，使人哀，使人痴，使人惧，使人血脉偾张，不能自已。"这是对诗对画对戏，更是对人生的另一种视角和态度，俏皮而多汁多味。

五、贯口法。上一种糖葫芦串法的变体。看《"三"之浮想》，从老戏《三岔口》《三堂会审》等到老书《三字经》到老曲《阳关三叠》到古文《三都赋》到电影《三个和尚》到俗话"三个臭皮匠顶个诸葛亮"，到新词儿"三突出"，一直到含有三字的成语，几乎将带三字的一网打尽。这还不解气，又说到洋人的三K党，最后连九牛一毛都扯上了，因为九牛的九字是三的倍数。一口气说下来，像不像相声里的贯口？

再看《题〈张敞画眉图〉》，从汉代张敞画眉说起，到唐代骆宾王檄文讨伐武则天之蛾眉，到清代莹姐每天不重样的画眉，到虢国夫人的淡眉，到西施的宜笑宜颦之眉，到杨贵妃的"芙蓉如面柳如眉"，一直到辛弃疾词中所写的妒眉，到男儿被称之的须眉丈夫。最后，连鸟中的画眉也没有放过。古今眉之大全，水银泻地，一气呵成，不是贯口又是什么？想德云社如果挪用至相声之中，肯定会爆得掌声。因为这完全是崭新的贯口，又含有浓度极高的文化含量。

这只是我个人偏爱的韩文作法几种，韩文作法更为丰富。但从这几点浅显的析文中，也足可以看出韩羽先生的学识，尤其是关于戏曲和绘画方面的学养。韩羽先生心里明镜般清楚，他说过戏和画"较之实景更宽广"。"在同属'写意'的中国画、中国戏的艺术形象中往往掺和着相同的生活经验的痕迹。这种'痕迹'正是为'触类旁通'打开了方便之门。"他还说："中国画，中国戏，虽不同名，却是同姓，似是姐妹。"（《画徒品戏》）也可以说，韩羽先生写画，说戏，为文，三者都是血缘相通的姐妹，打通这样三脉，如此连理一枝，交融互文的，我没有见过第二人。

比学识学养更为重要的是，韩羽先生具有得天独厚的情趣。情与趣是花开两朵，多年前，我曾读过韩羽先生《杨贵妃撒娇》一文，依旧是拿戏说事，这一次说的是《长生殿》最后杨贵妃下场一段，杨的一娇嗔的"嗳"一顺从的"是"，让他感慨道："使人不能不思量，'春从春游夜专夜'的卿卿我我间权力的砝码到底有多重。"如此人生况味与世事喟叹，来自对杨轻微的两声之状，这便是对人情与世情敏锐而细如发丝的感知和把握。

趣，韩羽在论齐白石画时就说过童趣和天趣，对于艺术创作的重要性。他还有一篇文章，题目就叫作《趣眼童心》，同样讲趣。天下文章，写得妙的有得是，但写得有趣的并不多见。所以，韩羽先生画梅，取名为"画林太太"；为文，则可以为《水浒》里的李鬼别出心裁的出招，与如今混沌的现实过招。如此，他才能让黑白转色，让鱼龙混珠，让关公战秦琼一乐，让"秋水共长天一色"。应该指出，这里说的天趣，指的是天然之趣，是做人的秉性，为文的底色，是与生共来的，不是学得来的。

读叶圣陶先生《写作常谈》

叶圣陶先生的《写作常谈》书名很平易，一下子把架子就放下来了。什么是写作？写信是写作，写作文是写作，写日记也是写作。人人都会写作，不见得写书才是写作。所以，叶老先生只说是写作，没有说是创作。

这本书没多厚，但是我相信，大家如果能从头读到尾，一定会有收获。

我和叶圣陶先生有一面之交，他曾对我的作文进行详细的批改。我当时15岁，上初三，叶圣陶先生并没有教给我任何写作秘诀，他给予我的关怀和鼓励，却树立了我对文学的信心。他对我作文具体的修改，让我知道了如何讲求文字，这至关重要。

叶先生说的都是大白话，今天，我重点说说这本书里三篇文章：一篇是《和教师谈写作》，一篇是叫《第一口蜜》，一篇是《文艺作品的鉴赏》。我来谈谈我对这几篇文章的体会。

想清楚了再写

《和教师谈写作》谈了这两个观点：

首先，要想清楚了再写。这不难明白，但是做不做得到是另外一回事。很多人没想清楚，一个想法刚冒出火花就开始匆匆忙忙动笔，这样的话，一般文章就很难写。所谓想清楚，是说从头到尾想明白，才能清楚怎么写，否则写的时候就很仓促。

第二，叶圣陶先生强调写完一篇稿子，念几遍，对修改大有好处。这是老先生的经验之谈。但是我们一般写完一篇稿子，别说念几遍，起码念一遍，有多少人能做到？念给谁听？给自己听。默读一遍也可以。为什么要念？叶先生讲，念不下去了就说明这儿有疙瘩：一是语言出现疙瘩，不顺溜；二是思想上有疙瘩，没有想清楚。

我在中央戏剧学院读书的时候，每晚十点半宿舍关灯前，我们五个同学会聊聊天。有时，我给宿舍其他四个同学讲我要写什么，从头到尾讲一遍之后，就发现有的地方他们爱听，有的地方他们不爱听。我就想，爱听的地方说明我讲得好。那么，不爱听的地方我是说得啰嗦了，还是情节不吸引人了？这就提醒我，要对写作的思路进行调整。

挑能写的写

叶圣陶先生接着说，平时的积累很重要。这种积累指的是你在写的时候，要"挑能写的写"。什么叫"挑能写的写"呢？

在另一篇文章《拿起笔之前》中，叶先生说："在实际生活里养成精密观察跟仔细认识的习惯，是一种准备功夫。"这里面讲的第一点是观察，就是要"看见"，视而不见，见而无感，是不行的。那里有一朵花，别人没看见，你看见了，走过去芬芳扑面而来，别人就失去了"芬芳"的机会。第二点是认识，就是要提高自己对事物感受的能力，通过感受变成自己的一种写作财富。这两点至关重要，是叶圣陶先生所说的写作之前的"准备功夫"。如果你想写东西，首先要在这两点上下功夫。下得了功夫，才能练就出功夫。当年莫泊桑请教福楼拜写作的方法，福楼拜让他先骑马转一圈再回来，就是让他先观察。叶圣陶先生说要精密观察，也就是说不能光扫一眼，走马观花。

叶圣陶先生还强调要深刻。所谓深刻，一是观察要准确精细，二是你的感受要跟别人不一样。如果你的感受跟别人是一样的，那么你写的东西跟别人也一样。观察到了才能写得到，感受到了才能写得深切。深刻不是说有多少哲学思想,有多少伟大的判断,有多少了不起的预见性,像思想家似的一般人也做不到,但是起码有属于你自己的一点感受,要跟别人不太一样,这就可以了。

举个简单的例子,最近我去了一趟颐和园,好长时间没去了,这次去,正好刮大风。颐和园里人还是特别多,在长廊的前头有一个小院,小院对面有一个藤萝架,春天的时候花开满架。我坐在那儿画藤萝架,突然闻到一股橘子味,特别香,在北京买过那么多的橘子都没闻到过那么香的。这气味里带有水汽,可能是从南方刚带来的,不是北京卖的那种橘子。我随口说了一句"什么这么香?"回头一看是个中年女性,40来岁。她正在看我画画,我回头看她一眼,她有点不好意思,就跑了。前面是一个旅游团,她跑去跟旅游团会师了。但没多大一会儿,她又跑回来,递给我一个橘子。我想跟她说两句话,表示一下感谢,她却扭头走了。就这么一件事,让我感到陌生人之间的感情交流。我们的生活中哪有那么多大事,反而我们遇到类似橘子这样的事概率很大。

再举一个例子,好多年前,我到邮局寄书、寄信,钱不够,差两毛,兜里就剩一个100元的整钱。营业员是一个小姑娘,很不高兴,让我再翻翻兜,我说没了。这时候旁边正好有几个农民工,他们是发了工钱正给家里寄钱。柜台边有一个小男孩,我觉得挺有意思的,他把手伸到裤兜里,他的裤兜一边高一边低,他摸了半天，最后从兜里掏出两毛钱递给我。这时我感受到了小孩对我的一种帮助，不是说捐巨款才是帮助，两毛钱也是帮助。而且是这样一个跟我素不相识的农民工的小孩，他知道我有困难了，马上仗义帮助我。这种感觉让人非常感动。

像这样的事，一个橘子也好，两毛钱也好，是我们生活中司空见惯的，每个人都可能遇到。所有人都可以写作，写什么？就写这些东西。这是我们写作者能够驾驭得了的事情，也就是叶圣陶先生所说的，挑能写的写。你如果非挑不能写的写，虽然主题思想很好，很高大上，但是跟你不搭边，或者你遇不到这样的事情，怎么去写？

日本有一位导演是枝裕和，他既拍电影，也写小说。他的作品非常温馨，又非常生活化。他说过这样一句话："细枝末节就是生活。"细枝末节也是写作的根本，我觉得这一点非常重要。我们在学习别人的时候要注意学习这些东西，不是注意学习那些花里胡哨的词汇，不是注意学习情节如何跌宕起伏，这都不是最主要的。最主要的是，这种细枝末节，我们是不是观察到了，是不是感受到了，是不是像叶圣陶先生所说的，在实际生活中养成了精密观察和仔细认识的习惯。叶圣陶先生说这就是一种写作的功夫。《和教师谈写作》里谈了很多观点，其中我对这几点印象特别深，收获最大。

什么是真正的鉴赏力

在《第一口蜜》和《文艺作品的鉴赏》当中，叶圣陶先生重点谈了读书、艺术作品鉴赏跟写作之间的相互关系和作用。他说，"欣赏力必须养成"，而且像"蜂嘴深入花心一样"，这样才能尝到第一口蜂蜜。你见了花，蜻蜓点水一样，粘了两下就走了，酿不成蜜。

叶圣陶先生强调，在这种阅读和鉴赏过程当中，有两点要求：第一要细；第二要有自己的主观介入。他举了一个例子，特别有意思："比如在电影场中，往往会有一些人为了电影中生离死别的场面掉眼泪，但是另外一些人觉得这些场面只不过是全部情节中的片断，并没有什么了不起的，反而对于其中的某些景物的一个特写、某个角色的一个动作点头赞赏不已。"叶圣陶先生讲，这两种人当中，显然后一种人的鉴赏能力比较高。"前一种人只是被动地着眼于故事，看到了生离死别，后一种人却着眼于艺术。"我们阅读的时候也一样，不要光注重煽情的部分。现在电视剧就是这样，你可以看，但是被电视剧牵着鼻子走，说电视剧的审美就是我们的审美，就写不出好的东西。所以一定要读文学作品。

叶圣陶先生说的这些，对我起码是太有用处了。我联想自己，我在阅读的时候被哪些地方感动了，哪些地方让我有深切的感受，如果让我有深切感受的只有大场面，说明鉴赏力就弱。叶圣陶先生讲了，真正有鉴赏力的人属于前面说的后一种人。

我上中学的时候，有一部电影叫《共产党员》，讲第二次世界大战之后，苏联经济一片凋零，一个共产党员从战场回到乡村，带领着大家脱贫致富，认识了村里的一个女人。这个女人的丈夫对她特别差，老打她，家暴很严重。他们一起工作时，这个共产党员就喜欢上这个女人，女人也对他产生了依恋。有一次共产党员到镇上买东西，顺便买了一个花头巾给她，这女人的丈夫知道以后，把她毒打一顿，把门锁上，用木板把窗户钉上，不许她出去。故事大概是这样，但是我就记住这样一个细节：把门都钉死了以后，这女人想逃出来，但被打得遍体鳞伤，没什么力气，最后她把窗户的挡板打开了，好不容易逃出来，但刚从高高的窗户跳到外面，她又爬回去了，干吗？——把花头巾拿出来。这个细节过去60年了，我的印象还是非常深刻。真正感动我们的就是生活的细枝末节，而文学要做的事情，就是把这些细枝末节，把人们内心深处涌动的涟漪描绘出来，勾勒出来。

法国的音乐家德彪西，他一辈子除了一部歌剧，其他的写的都是小品，几分钟一段的那种。他晚年的时候总结自己的创作经验，说过这样一句话让我印象非常深："大的东西让我恶心。"这个话说得有点极端了，不是大的都不好，大有大的好处，但是大也有大的难处。而文学最擅长的，即衡量一个作者有没有写作才华和水准的，就是能不能驾驭"小"的东西，能不能观察、捕捉、感受到细小的东西，然后再现到纸面上，这是最重要的。如果能做到，那么你的写作才会得心应手。这也是叶圣陶先生所说的挑能写的写。

所以，叶圣陶先生在《第一口蜜》和《文艺作品的鉴赏》这两篇文章当中，主要谈的就是怎么去读书、如何鉴赏艺术作品，让读书和艺术鉴赏化成写作的营养。《写作常谈》这本书里面的内容很丰富，我希望大家能认真读读，学习学习这些看似老生常谈、但是对我们很有帮助的经验。前辈们给我们留下的这些丰富的遗产，我们应当好好珍惜，真正认真去阅读的话，相信大家一定有所收获。